Elog... ...

Hay Más

"Brian Houston es un buen amigo que sabe lo que Dios puede hacer en tu vida cuando lo rindes todo. *Hay Más* te ayudará a aprender a vivir una vida plena que confía en Dios y le da el control. Te desafío a que permitas que este libro impacte tu vida."

—RICK WARREN, pastor principal de Saddleback Chuch

"Si alguna vez has sentido que has sido creado para algo más grande, el nuevo libro del Pastor Brian Houston, *Hay Más,* es exactamente lo que necesitas. Repleto de verdad espiritual, profundos conocimientos y sabiduría práctica, este libro revela cómo tu futuro puede contener más de lo que jamás pensaste que fuera posible. Lee *Hay Más* y prepárate para que Dios edifique tu fe, abra tu mente y amplíe tu perspectiva de lo que quiere hacer a través de ti."

—CRAIG GROESCHEL, pastor de Life.Church y autor de *La Dirección Divina: 7 Decisiones Que Cambiarán Tu Vida*

"¿Por qué la mayoría de nosotros tenemos lo que necesitamos y aun así estamos luchando por más? Mi amigo Brian Houston se introduce en esta dicotomía y nos desafía como sólo él puede hacerlo. Si profundizas en este libro, seguro saldrás con una gran expectativa para tu futuro."

—STEVEN FURTICK, pastor de Elevation Church y autor best seller del *New York Times*

"No podría haber un libro más oportuno o necesario. En estos días de confusión, necesitamos que nos estiren donde nuestro pensamiento es limitado, que nos expandan donde nuestros sueños son pequeños, y que nos recuerden que nuestro Dios no es un Dios de confusión. En *Hay Más,* de Brian Houston, se nos anima a mantenernos fieles a esa verdad, creyendo que su paz, poder y luz abundan incluso en los tiempos más oscuros y que, a través de nosotros, Él puede hacer y hará muchísimo más de lo que podríamos imaginar jamás."

—ROMA DOWNEY, actriz, productora y presidenta de LightWorkers Media

"Brian Houston es un líder excepcional: Enamorado de Dios, enfocado en Jesús, ungido por el Espíritu Santo, auténtico, confiable y pionero. *Hay Más* es un tesoro escondido de enseñanzas visionarias e inspiradoras y maneras de entender el liderazgo, combinado con fascinantes anécdotas y su propio testimonio poderoso. Espero que disfrutes de este libro tanto como yo lo he hecho."

—NICKY GUMBEL, vicario de HTB Church, Londres

"El enfoque de Brian al explicar cómo buscar a Dios, caminar por fe, soñar en grande y confiar en Él por completo es muy efectivo. Creo que muchos experimentarán más del destino de Dios en sus vidas a través de la inspiración que él comparte."

—JOYCE MEYER, maestra de la Biblia y autora de best sellers

"Respeto y admiro tanto al Pastor Brian que, cuando mi propio padre y pastor estaba luchando valientemente contra el cáncer, me pareció natural que el Pastor Brian fuera el tipo de padre, esposo y pastor al que aspirar ser como líder en las siguientes épocas de mi vida. Literalmente comencé a llamarlo "mi pastor" y, el resto, como dicen, es historia. Cuando leí *Hay*

Más, noté que el carácter de Dios ha incitado al Pastor Brian a desear más de Él, a aprender más sobre Él, a seguir su mano con gran fe, y a vivir con la expectativa de su bondad en todas las circunstancias. Esta hambre por más es sincera, profunda y muy real; no por cosas sino por una relación vibrante con su Dios. No porque sea pastor, o esposo, o padre, sino porque primero es seguidor de Jesús. En estas páginas, queda bien reflejado que el Pastor Brian cultiva activamente este precioso apetito por más de Dios. Y ahora, él también despertará todos nuestros apetitos."

—JUDAH SMITH, pastor principal de Churchome.org y autor del best seller *Jesús Es* _____.

"Dios tiene un plan y un propósito para tu vida que es más grande que tú mismo, pero Dios necesita que lo creas, que sepas lo que hay dentro de ti para lograrlo y que edifiques el carácter que pueda sostenerlo. ¡El nuevo libro de Brian Houston, *Hay Más,* te mostrará el camino! No lo conviertas solo en parte de tu biblioteca. ¡Hazlo parte de tu vida!"

—A. R. BERNARD, embajador de Christ in Culture

"Mi amigo, el Pastor Brian, es un gran hombre de Dios y un líder fenomenal en el cuerpo de Cristo. Su nuevo libro, *Hay Más,* te desafiará a seguir el llamado que Dios te ha dado con renovada pasión y fervor. Este libro es una invitación a que Dios te lleve más allá de lo que soñaste que sería posible."

—JOHN BEVERE, autor y ministro, Messenger International

HAY MÁS

CUANDO EL MUNDO DICE QUE NO PUEDES,
DIOS DICE QUE SÍ PUEDES

BRIAN HOUSTON

MO
NO
LIT.
books

———

Para todas las maravillosas personas que me han amado durante los altibajos de mis mejores y peores épocas, ninguno más que Bobbie y nuestra preciosa familia. Gracias por hacer el viaje.

Al servicial consejo de ancianos y líderes de la iglesia Hillsong. Han marcado el camino y fielmente, permaneciendo a nuestro lado, siempre buscando la voluntad de Dios. A todos y cada uno de ustedes, estoy eternamente agradecido.

Y al equipo que ha trabajado más cerca de Bobbie y de mí durante todos estos años, a aquellos que siempre han querido lo mejor de Dios para nosotros y nos han empujado hacia el "más" de los propósitos eternos de Dios, tenéis mi más profundo respeto y aprecio.

ÍNDICE

Introducción

Excesivo, Abundante y Por Encima

P or favor, señor, quiero un poco más."[1] Sin duda, estas famosas palabras del hambriento Oliver Twist han hecho eco en los corazones y las mentes de millones de personas que también anhelan tener un poquito más. Quizá anhelas tener más tiempo, más recursos, más espacio. Tal vez solo necesitas encontrar un poco más de energía y motivación para continuar por el camino en el que te encuentras actualmente, o quizá tienes un sueño en tu corazón que sigue escapándose. Tal vez estás caminando en tu llamado, pero aun así te preguntas, *¿De qué va todo esto? ¿Debería estar haciendo más con mi vida?*

Este libro no se enfoca en el egoísmo ni en la codicia. No trata sobre adquirir más ni va sobre la avaricia o la complacencia. Ni siquiera es una narrativa acerca de la satisfacción y el sentirse realizado. Sólo trata del llamado, de los asombrosos planes de Dios para tu vida y de la suficiencia de su gracia para desbancar tus sueños más locos, todo por un propósito más grande que el tuyo propio.

---

1   Charles Dickens, *Oliver Twist,* en *Works of Charles Dickens, Household Edition* (New York: Sheldon, 1864), 34.

¿Alguna vez te has detenido a preguntarte cuál sería la respuesta de Dios al anhelo de tu corazón por más? Estoy firmemente convencido de que, a diferencia del Sr. Bumble (el tiránico encargado del orfanato en la novela clásica de Charles Dickens), el Salvador del universo se inclinaría y de la manera más cariñosa diría: "¿Más qué? Y, ¿cuánto más? Mi provisión es interminable. Mi misericordia es ilimitada. Mi gracia es más de lo que necesitas".

¿Lo ves? Ese más que Dios quiere para tu vida va más allá de toda comprensión. No se limita al espacio ni al tiempo, no se puede medir con dispositivos terrenales ni con mentes humanas. Efesios 3:20-21 nos dice claramente: "Dios puede hacer cualquier cosa, ¿sabes? ¡Mucho más de lo que jamás podrías imaginar, adivinar o pedir en tus sueños más locos! Lo hace sin empujarnos ni zarandearnos, sino obrando dentro de nosotros, su Espíritu profunda y suavemente dentro de nosotros." (MSG). Otras traducciones lo dicen de esta manera: Él puede "hacer por encima y más allá" (HCSB) o "excesiva y abundantemente por encima de todo lo que pedimos o pensamos".

¿Alguna vez te has detenido a pensar sobre eso? Dios puede hacer *cualquier cosa*. Y no solo un poquito más de lo que ya has pedido o soñado. *Mucho* más.

¿Cuáles son tus sueños más salvajes? ¿Cuáles son tus ideas más locas, tus anhelos más profundos y tus planes más grandiosos? ¿Qué es eso que no te has atrevido a contarle a nadie y que apenas has dejado que tu alma se imagine? Porque son exactamente esos sueños, esa visión y esos grandes planes tuyos los que te digo que no son suficientes. ¡Qué pequeño pensador eres! Todo el cielo te está mirando, moviendo la cabeza y diciendo: "¿Eso es todo? ¿Es eso todo lo que quiere? ¿Es eso todo lo que puede soñar?"

Permíteme que estire y desafíe tu manera de pensar, querido lector, porque servimos al Gran Pensador por excelencia. Ninguno de tus planes puede ni siquiera *compararse* con el suyo. El anhelo de tu corazón por más, ha sido contestado con una sonrisa del corazón de un Padre que toma lo que ves y lo expande y desarrolla en algo que no puedes ver.

Dios puede tomar cada limitación que hay en tu vida, puesta por ti o por otros, y expandir tu corazón y tu propósito de manera *mucho más* grande, *mucho más* alta, *mucho más* efectiva que cualquier cosa que pudieras imaginar.

Lo he visto en mi propia vida. Puedo testificar de su fidelidad en cuanto a más, más de lo que quería, más de lo que había soñado, más de lo que jamás pensé que necesitaría. No estoy hablando de simples asuntos materiales, de cosas monetarias o de cosas que se cuentan y se valoran con estándares terrenales. He visto cómo Dios ha excedido los sueños en mi corazón, las visiones que he tenido para mi propia vida y para las vidas de mi familia y de aquellos que están más cerca de mí. He experimentado ese favor de "mucho más" de Dios en mi matrimonio, liderazgo, hijos y amistades.

Durante muchos años, al estar de pie en uno de los auditorios de la Iglesia Hillsong o al lado del escenario en alguna de nuestras conferencias anuales, la gente se ha acercado a preguntarme: "¿Podías ver todo esto cuando empezaste?" ¿Sabes? Siempre he sido un visionario decidido, pero ni en mis sueños más locos podría haber imaginado todo lo que Dios ha hecho y está haciendo. No podría haber planeado, ejecutado o soñado con los días que estamos viviendo ahora. Y he dejado de intentarlo. Nunca puedes superar los sueños de Dios.

He aprendido a confiarle a Dios los deseos secretos de mi corazón, las cosas que no sé que necesito y las cosas que pensé que no necesitaba.

Más de una vez, he descubierto que hay más en los valles que atravesé que simplemente el mero dolor que experimenté. Hay más por aprender en las tormentas de lo que mis ojos humanos ven en lo natural. Mi provisión tiene más propósito que simplemente mi propia satisfacción y disfrute, mucho más.

De hecho, en las frases que preceden al glorioso versículo que ya he citado (Efesios 3:20–21), se nos da una idea de la razón de nuestro más:

Por esta causa doblo mis rodillas ante el Padre de nuestro Señor Jesucristo (de quien toma nombre toda familia en los cielos y en la tierra), para que os dé, conforme a las riquezas de su gloria, el ser fortalecidos con poder en el hombre interior por su Espíritu; que habite Cristo por la fe en vuestros corazones, a fin de que, arraigados y cimentados en amor, seáis plenamente capaces de comprender con todos los santos cuál sea la anchura, la longitud, la profundidad y la altura, y de conocer el amor de Cristo, que excede a todo conocimiento, para que seáis llenos de toda la plenitud de Dios.

Y a Aquel que es poderoso para hacer todas las cosas mucho más abundantemente de lo que pedimos o entendemos, según el poder que actúa en nosotros, a él sea gloria en la iglesia en Cristo Jesús por todas las edades, por los siglos de los siglos. Amén. (versículos 14–21)

Llenos de toda la plenitud de Dios. Gloria por todas las generaciones.

Este libro trata exactamente de eso, del carácter y la naturaleza del Dios al que servimos y su deseo de ver a todos y cada uno de nosotros experimentar la vida de Efesios 3. Su deseo es vernos llenos a rebosar de todo don y regalo bueno, maravilloso y perfecto que viene de Él, con el propósito de edificar la iglesia, expandir el Reino y ser el eco de su nombre por todas las generaciones. Los siguientes capítulos exponen el propósito de nuestro más, la fuente de nuestro más, y la revelación de que ese más se enfoca menos en nosotros, más en los demás y totalmente en Él. Pero primero debes entender que nuestro Padre celestial ve más en ti de lo que tú mismo jamás podrías ver.

Mi oración es que al leer estas páginas, descubras algo nuevo dentro del antiguo texto esparcido por ellas. Espero que, independientemente de las oraciones que hayas orado, de los triunfos que hayas celebrado, y de los fracasos que hayas vivido o recibido, llegues a comprender que hay más gracia, bondad, misericordia, amabilidad, amor, perdón y favor esperándote en tu futuro. La voluntad de Dios para tu vida, ese propósito perfecto del cielo, va ciertamente más allá de tus sueños más locos. Y si alguna vez has pedido más y, como Oliver Twist, te has encontrado con palabras de enfado o con un espíritu indiferente, o si alguna vez han cuestionado tus motivos o has sido injustamente atacado, yo oro para que a través de mis experiencias y revelación personales, encuentres sanidad al descubrir un poco más el verdadero carácter de nuestro generoso Dios y sus deseos para tu vida.

Siempre hay más que destapar, más por descubrir sobre quién es Él y lo que dice sobre ti. Hay más delante de ti de lo que te has permitido soñar o te permitiste creer. Hay más espacio en tu vida para las cosas de Dios y el pueblo de Dios de lo que creías posible, más espacio para que Dios dé a conocer su presencia en y a través de ti. Y si por algún motivo habías dejado de soñar grandes cosas para tu vida, si dejaste de imaginar que tu vida es una historia que contar o un legado que recordar, entonces, este libro es un buen punto de partida para comenzar de nuevo.

1

Sueños y Destino

Diecisiete. ¿Con qué soñabas cuando tenías diecisiete años? ¿Te atrevías a soñar? ¿Te permitían soñar? ¿Se reían de tus sueños? Quizá tu familia o compañeros se sentían amenazados por tus sueños. O, ¿eres el fruto de un lugar en el que te animaban a pensar en grande y a soñar sueños imposibles? Y si aún no tienes diecisiete años o tienes más de diecisiete años, ¿con qué cosas grandes sueñas ahora?

Yo era un soñador. Vengo de una tierra que, según decían, tenía tres millones de personas y setenta millones de ovejas. Eso está genial si la gran ambición de tu vida es hacer jerseys de lana o queso Roquefort, pero no es ciertamente una plataforma de lanzamiento para soñar con edificar algo de influencia e impacto a nivel mundial.

Curiosamente, de esta pequeña tierra en el Océano Antártico salieron (entre muchas otras cosas) el primer hombre en escalar el Monte Everest y el primer hombre en dividir el átomo. Es el hogar del famoso paisaje exhibido en las películas de El Señor de los Anillos, así como de muchos artistas, actores, atletas y empresarios de fama mundial.

Además, por supuesto, cuenta con el equipo de rugby más exitoso y famoso del mundo, los All Blacks de Nueva Zelanda. Así que, quizá, los pequeños y humildes comienzos son el terreno perfecto para una vida floreciente y fructífera.

En la década de los sesenta, mi familia vivía en una casa estatal. Era una vivienda de propiedad del gobierno, cubierta de madera, que se alzaba como un hosco soldado junto a otras casas similares en Taita, Lower Hutt, Nueva Zelanda. Era un barrio de clase trabajadora, con todos los problemas sociales asociados a eso, justo a las afueras de Wellington.

Nada en mí destacaba en particular, ni de niño ni como adolescente. Me era imposible concentrarme en la escuela, y mis largas piernas eran más un obstáculo que una ayuda cuando hablamos de deportes.

Aún recuerdo con claridad mi camino a casa desde el Instituto Hutt Valley. Comenzaba mi caminata diaria desde la estación de tren hasta High Street antes de doblar a la izquierda pasando por Tocker Street Dairy, nuestro supermercado local, donde, si tenía algo de dinero suelto, me detenía para comprarme un helado (de vainilla con trozos de tofe esponjoso). Luego, doblaba a la derecha en Reynolds Street y pasaba Pearce Crescent, Molesworth Street y Compton Crescent antes de girar finalmente en Nash Street, y luego pasaba tres casas más antes de llegar a mi casa en la esquina, entre Nash Street y Taita Drive. Y día tras día, durante esa caminata repetitiva hacia casa, mi joven mente, tímida pero aventurera solía soñar, soñar y soñar. Era un sueño que parecía seguir siempre una narración similar.

Desde que tengo memoria, siempre quise servir a Jesús algún día y predicar el evangelio. De hecho, no recuerdo ni un momento en el que ese no fuera mi sueño. Soñaba cuando estaba en clase, soñaba de camino a casa, y soñaba mientras estaba sentado en la iglesia dos veces por domingo, cada domingo durante toda mi infancia.

Fue en aquel entonces cuando me imaginé hablándole a grandes multitudes y viajando por el mundo, guiando a miles de personas a Jesús y tal vez, hasta algún día edificando una gran iglesia. También me preguntaba quién sería mi esposa, cómo sería, dónde estaría y qué estaría haciendo en ese momento. Y soñaba que algún día la iba a encontrar, a esa persona que querría perseguir este sueño conmigo.

Adelanta más de cuarenta años y aquí estoy, en un viaje mucho más largo que aquella caminata de la infancia desde la estación de tren. Se trata de una aventura continua llamada vida, en la que este soñador de un pequeño pueblo se encuentra viviendo en el cumplimiento de esos sueños y en la maravilla de otros aún más grandes.

Atrévete a soñar

Como dije antes, la concentración nunca fue mi punto fuerte. Recuerdo claramente que los comentarios de mis profesores en la escuela tenían algo en común: "Brian no escucha"; "A Brian le iría muchísimo mejor si no soñara despierto"; "Brian procrastina".

En la década de los sesenta, teníamos unas quinientas o seiscientas personas en nuestra congregación. En aquel entonces, posiblemente se tratara de la iglesia más grande del país, pero aún así, no era un grupo especialmente grande. Al mirar hacia atrás, me doy cuenta de que si hubiera compartido en voz alta mis maravillosos e inocentes sueños globales, muchos se hubieran reído educadamente o tal vez hubieran compartido una sonrisa de subestimación con otros adultos cercanos. Para el hijo de un pastor joven de un barrio de bajos ingresos en una tierra asombrosamente bonita con millones de ovejas, ¡realmente eran sueños escandalosos! Aunque nunca tuve la sensación de que alguien tuviera grandes expectativas acerca de mi futuro, siempre continué soñando.

Con diecisiete años, trabajaba en once lugares diferentes para ganar suficiente dinero y poder ir a la escuela bíblica. Son demasiados trabajos para nombrarlos todos, pero ninguno de ellos era mi pasión. Sin embargo, siempre trabajé duro porque me estaba preparando y planificando para las cosas que sí me apasionaban. Así que, a pesar de los obstáculos en contra y los trabajos que no quería, nunca perdí de vista los sueños que había en mi corazón.

Creo que la capacidad de soñar es uno de los mejores regalos de Dios. Así que, déjame que te lo pregunte de nuevo: ¿Con qué sueñas? ¿Sueñas con cosas mucho más grandes de lo que eres? Creo que fueron mis sueños locos de la infancia los que me llevaron a la escuela bíblica y me colocaron en el camino en el que me encuentro hoy.

Cuanto Más Grande, Mejor

¿Alguna vez has escuchado el dicho "Si no apuntas a nada, fallarás todo el rato"? Bueno, de la misma manera, si apuntas al blanco, es posible que no hagas diana, pero al menos te habrás acercado todo lo posible. Incluso si tus sueños se vuelven un 80% reales, aun así, ¡es mejor que nada!

La verdad es que *deberías* aspirar a la luna. Dios te ha dado la capacidad de soñar, de crear y de imaginar infinitas posibilidades. En muchos sentidos, soñar es como la fe, y el tamaño de tu sueño puede estar directamente relacionado con lo que crees que Dios puede lograr. En mi opinión, si estás soñando con algo que puedes hacer tú mismo, ¡estás soñando demasiado pequeño! Los sueños con tamaño de Dios son sueños que solo se pueden conseguir cuando pones tu fe en el Creador, en Aquel que conoce el principio y el final y desea que tu futuro esté lleno de esperanza y abundancia. Hay tanto potencial que perece por falta de un sueño audaz y atrevido.

Así que, ¿cómo era tu vida cuando tenías diecisiete años? ¿Qué cosas te hacían alejarte del presente para soñar con el futuro? ¿Sigues soñando ahora? Tal vez jamás soñaste con nada extravagante o nunca fuiste propenso a creer por algo más fuera de tu realidad actual, pero creo que todo el mundo debería tener un sueño, un sueño más grande que uno mismo, un sueño imposible de llevar a cabo en tus propias fuerzas. Los sueños vienen de diferentes maneras. Puedes soñar conscientemente al tener aspiraciones para tu futuro, y puedes soñar físicamente a través de visiones mientras duermes. Creo que Dios puede obrar en nosotros y hablarnos de ambos modos. Soñar es importante, ya que tus sueños pueden convertirse en tu destino. Así que, si no tienes un sueño, estás limitando tu destino.

Te reto a que sueñes grandes, aterradores y extravagantes sueños, de esos que harían reír a otros si los supieran. La Biblia nos habla de un soñador de diecisiete años que era exactamente así. Este joven tuvo un sueño escandaloso, y para él, ese sueño fue solo el principio.

El sol, la luna y las estrellas

El joven soñador al que me refiero es, por supuesto, José. Aquí está la historia de su sueño:

José tenía diecisiete años y apacentaba las ovejas con sus hermanos; el joven estaba con los hijos de Bilha y con los hijos de Zilpa, mujeres de su padre; e informaba José a su padre de la mala fama de ellos. Israel amaba a José más que a todos sus hijos, porque lo había tenido en su vejez; y le hizo una túnica de diversos colores. Al ver sus hermanos que su padre lo amaba más que a todos ellos, lo aborrecían y no podían hablarle pacíficamente.

Tuvo José un sueño y lo contó a sus hermanos, y ellos llegaron a aborrecerlo más todavía. Él les dijo:

—Oíd ahora este sueño que he tenido: estábamos atando manojos en medio del campo, y mi manojo se levantaba y se quedaba derecho, y vuestros manojos estaban alrededor y se inclinaban ante el mío.

Entonces le respondieron sus hermanos:

—¿Reinarás tú sobre nosotros, o dominarás sobre nosotros?

Y lo aborrecieron aún más a causa de sus sueños y sus palabras. Después tuvo otro sueño y lo contó a sus hermanos. Les dijo:

—He tenido otro sueño. Soñé que el sol, la luna y once estrellas se inclinaban hacia mí.

Y lo contó a su padre y a sus hermanos; su padre le reprendió, y le dijo:

—¿Qué sueño es éste que tuviste? ¿Acaso vendremos yo, tu madre y tus hermanos a postrarnos en tierra ante ti?

Sus hermanos le tenían envidia, pero su padre meditaba en esto. (Génesis 37:2–11)

¡Manojos de grano inclinándose ante él, e incluso el sol, la luna y las estrellas! Desde donde José estaba sentado, cuidando ovejas en la tierra de Canaán, sus sueños parecían absurdos. Hablando de aspirar a la luna, ¡José imaginó que incluso la luna estaría a su alcance!

Cuando de pequeño soñaba con viajar a lugares que me habían enseñado en la escuela, no había nada humanamente hablando que hiciera que estos sueños parecieran posibles. Solía tomar un bolígrafo y me ponía a dibujar en la parte de atrás de mis libros lugares como París, con sus cafés al aire libre, caniches y baguettes interminables. Soñaba con Londres, con sus taxis negros tan únicos, sus autobuses de dos pisos y lugares que conocía gracias al Monopoly familiar, como Fleet Street, Coventry Street, Park Lane y Mayfair. Y siempre tuve fascinación por los lugares más grandes, como Australia y otros países que parecían estar tan lejos. Los Estados Unidos de América y todo lo que ofrecía parecían cosas de otro mundo en aquel entonces. Hoy esos sueños se han convertido en una parte tan importante de mi vida que apenas pienso en el hecho de que alguna vez fueron un sueño.

¿Con qué frecuencia crees en lo imposible?

Hace unos veinte años, me pasé una tarde entera en mi oficina con un trozo de papel en blanco frente a mí sobre el que escribí las palabras "La Iglesia Que Veo". Muy milagrosamente, lo increíble es que treinta años después, en muchos sentidos, esas palabras que escribí son un reflejo de la iglesia que ahora lideramos. Pero no fue siempre así.

En 1983, la Iglesia Hillsong era el conjunto de menos de cien personas en un pequeño auditorio escolar. Era una comunidad de creyentes apasionada, vibrante y joven, junto con algunos casi creyentes e incluso no creyentes, que colocaban sillas, barrían el suelo y oraban en el cuarto de la limpieza antes y después de sus reuniones de cada domingo. El "escenario" era una tarima, y la calidad del equipo de alabanza era moderada en el mejor de los casos. Ahora, la Iglesia Hillsong se ve muy diferente, pero muchos de los valores sobre los que edificamos son los mismos hoy en día.

Hillsong siempre ha sido una iglesia de adoración. Antes de Hillsong UNITED, antes de que hubiera Hillsong Young & Free, antes de que existiera "Canta al Señor", "Poderoso Para Salvar" u "Océanos", ya había adoración. Adoración apasionada. No siempre era pulida, no siempre había luces y, en aquellos primeros años, ni siquiera teníamos un escenario, pero adorábamos. Cantábamos y ya comenzábamos a dar pequeños pasos componiendo canciones que resonaban en los corazones de las personas de nuestra comunidad. Obviamente, el piano tenía una o dos teclas rotas y estaba desafinado, y el batería no mantenía un ritmo constante. Jack, nuestro mayor y sonriente acordeonista y su esposa, Elaine, no solo eran parte del equipo de alabanza, sino que también cuidaban del pequeño grupo de niños en nuestro ministerio para niños, incluyendo a nuestros dos hijos de cuatro años y dieciocho meses. Fueron días duros, pioneros y puros, pero el fruto del trabajo de muchas personas que habían sido fieles desde el principio comenzó a dar paso a oportunidades que iban más allá de nuestros sueños más locos.

Fue en esa hoja de papel, hace más de dos décadas, donde escribí estas palabras: "Veo una Iglesia cuya alabanza y adoración sincera toca el cielo y cambia la Tierra; una adoración que influencia la alabanza de las personas en toda la Tierra, exaltando a Cristo con poderosas canciones de fe y esperanza."

Solo un año antes de que escribiera eso, en 1992, se lanzó el primer álbum en vivo de Hillsong: *The Power of Your Love*. Pero incluso antes de eso, ya habíamos grabado nuestro primer intento musical, *Spirit and Truth*, en un pequeño estudio casero. Me sentía tan orgulloso de esa pequeña lista de canciones originales que, cada vez que tenía la oportunidad de hablar como pastor en una reunión ante centenares de ministros de toda la ciudad (casi todos mayores, más sabios y más experimentados que yo), primero les hacía escuchar algunas de las canciones. Aun hoy recuerdo las miradas en blanco mandando el claro mensaje de que a nadie en la sala le emocionaban tanto como a mí. Pero la idea de grabar un álbum simplemente venía de nuestra pasión por adorar a Dios en nuestra iglesia local, junto con la convicción de que nuestra iglesia local había sido llamada a proveer a otras iglesias locales de letras y música que glorificasen a nuestro Dios, merecedor de todas ellas. En aquel momento, jamás habríamos podido imaginar que nuestros álbumes se cantarían por todo el mundo, pero teníamos la convicción de que Dios nos había llamado a hacer algo con lo que teníamos en nuestras manos y que, al ser fieles, Él también sería fiel.

Ahora bien, más de noventa álbumes más tarde, Dios está expandiendo, estirando y cambiando la historia de Hillsong Worship. Pero fue mucho antes de esos primeros álbumes cuando establecimos que las canciones a Dios y el sonido de nuestra casa serían una prioridad, una punta de flecha y una piedra angular de lo que somos. Todo debido a un sueño suspirado por Dios.

La Biblia nos dice en Zacarías 4:10, "No menospreciéis estos modestos comienzos" (NTV). Independientemente de lo que Dios haya confiado en tu mano, tu familia, tu carrera profesional, tu ministerio o lo que sea, no lo consideres algo insignificante. Piensa en cada sueño que hay en tu corazón y todavía parece estar a un mundo de distancia, y ¡no te desanimes! Creo que a los ojos de Dios y con su guía, sabiduría, favor y provisión, si te aferras bien fuerte a ese sueño que Él ha puesto en tu corazón, al igual que José, tú también lo verás cumplirse.

Asesinos de Sueños

Estando entre los más pequeños de los hijos de su familia, José probablemente recibió gran cantidad de burlas y palizas por parte de sus hermanos mayores. Sin embargo, cuando José soñó que su madre, padre y hermanos se inclinarían ante él, no dudó en compartir con ellos ese sueño de Dios, cosa que tuvo el efecto predecible: Enfureció a su familia.

Los hermanos de José esperaron la oportunidad de vengarse de él. Y cuando salieron con los rebaños un día y José se acercó a ellos, supieron que su oportunidad había llegado. "Cuando ellos lo vieron de lejos, antes que llegara cerca de ellos conspiraron contra él para matarlo. Se dijeron el uno al otro: —¡Ahí viene el soñador! Ahora pues, venid, matémoslo y echémoslo en una cisterna, y diremos: 'Alguna mala bestia lo devoró.' Veremos entonces qué será de sus sueños." (Génesis 37:18–20).

Debido al sueño de José, sus hermanos intentaron matarlo. Fue capturado, arrojado a un pozo y vendido como esclavo. ¡Eso sí son asesinos de sueños!

Pero José no dejó de soñar.

¿Alguna vez has dejado morir un sueño? ¿Alguna vez has compartido tu sueño con alguien? Quizás lo hayas hecho y como consecuencia, se hayan burlado de ti. Tal vez, cuando finalmente te decidiste a abrir la boca para compartir esos anhelos imposibles de tu corazón, tuviste que afrontar risas, cinismo o incluso dolor a causa de las palabras pronunciadas sobre ti por aquellos que más amas.

Soñar puede ser un lugar solitario. Si vas a soñar cosas que te harán ser distinto, a veces las personas más cercanas a ti y que te conocen mejor serán las que más amenazadas se sentirán por la trayectoria de tu vida y más se opondrán a ti, tratando de aplastar tus sueños y echarlos por tierra.

Así que, si decides ser un soñador, entiende que puede ser un camino solitario. Vas a tener que aferrarte a tus convicciones y mantenerte firme en la Palabra de Dios y en los deseos de tu corazón, a pesar de las críticas o los elogios que recibas a lo largo del camino.

Esencialmente, todo se reduce a que tienes un enemigo al que le encantaría matar tu sueño con todo tipo de "realidades", como lo son la oposición o la falta de recursos. A menudo, las voces negativas de otras personas, o incluso la ambición equivocada de tu propio corazón intentarán ahogar tus sueños. Muchas veces, en el camino hacia tus sueños, debes tomar decisiones y hacer sacrificios que parecen pasos atrás en lugar de hacia adelante.

Cuando me casé con Bobbie, le dije: "Cariño, es posible que nunca tengamos nuestra propia casa o un coche nuevo o mucho dinero, pero serviremos a Jesús juntos". Durante el primer año de nuestro matrimonio, nos ofrecimos voluntariamente para ser pastores de jóvenes en una pequeña iglesia a las afueras del sur de Auckland (cerca de donde Bobbie se crió), así que ambos trabajábamos en varios lugares. Bobbie era secretaria en una empresa farmacéutica, y yo me dedicaba a las ventas. También tenía otros trabajos extras, limpiando los baños de una fábrica de automóviles y reponiendo productos en un supermercado. Todo porque nos apasionaba servir a Dios y deseábamos, en el tiempo correcto, poder edificar una iglesia local que fuera agradable, acogedora y estuviera llena de personas influyentes en sus propias esferas. En muchos sentidos, no fue fácil ya que lo dimos todo por la iglesia local, pero fueron esos mismos sacrificios hechos en aquel momento los que nos capacitaron para poder seguir soñando ahora, confiados en un Dios que siempre provee. Podríamos haber dejado que las complicaciones nos desviaran del camino, pero nos aferramos a la visión que teníamos para nuestras vidas.

No sé tú, pero yo no quiero vivir solo en un sueño que tuve en el pasado. Quiero seguir soñando nuevos sueños. Ser un soñador no es una frase en tiempo pasado. ¡Es parte continua de la vida! Al igual que José, los soñadores nunca dejan de soñar. Pese a los obstáculos puestos delante de ellos, las limitaciones impuestas sobre ellos, o los asesinos de sueños que se interponen en el camino, ¡los soñadores siempre siguen soñando!

Rodeado de Soñadores

Para seguir soñando, debes rodearte de otros soñadores. Busca a personas que caminen junto a ti y te recuerden tu sueño cuando las complicaciones te hagan querer olvidarlo. Rodéate de personas que te inspiren a soñar e infundan aliento sobre tu visión, personas que te mantengan en el camino.

Winston Churchill, ganador de un premio Nobel y elegido dos veces como Primer Ministro británico durante la guerra, no siempre fue tan estimado y respetado como lo es hoy. De hecho, tuvo problemas en la escuela y suspendió sexto grado. Más tarde, se enfrentó a muchos años de fracasos políticos hasta que finalmente se convirtió en Primer Ministro a la edad de sesenta y cinco años. Churchill era un soñador: Soñaba con marcar una diferencia en su nación. Y cuando finalmente fue elegido para el cargo, le dio el mérito a la que llevaba siendo su esposa desde hacía treinta y dos años por haber soñado continuamente junto a él y creer en él, a pesar de sus fracasos, las dificultades económicas y el menosprecio público que enfrentaron.

Clementine Churchill no es mencionada con frecuencia, pero posiblemente los libros de historia no hablarían hoy sobre los logros de su marido si ella no hubiera estado apoyando sus sueños.

¿Quién te está animando? ¿Quién te está ofreciendo consuelo en forma de aliento hasta que tus sueños lleguen a cumplirse?

Rodearte de otros soñadores es un catalizador que te hará soñar más grande. Proverbios 29:18 dice: "Sin visión, el pueblo perece" (KJV) o "se extravía" (NVI). La Nueva Traducción Viviente dice que "se desenfrena". La versión The Message lo traduce así:

Cuando las personas no ven lo que Dios está haciendo,
se atascan en sí mismas;
Pero cuando prestan atención a lo que él revela,
se vuelven los más bendecidos.

Un sueño te hará ciertamente sacrificar y tomar decisiones difíciles, pero más importante aún, te hará también elegir a tus amistades sabiamente. ¿Junto a quién estás soñando?

Decidido a Triunfar

Nadie comienza a perseguir un sueño creyendo que fracasará. Suena simple, ¿verdad? Pero muchas personas no necesariamente sueñan con tener éxito.

Sueñan con pasar por la vida y sobrevivir, pero no con tener éxito, porque quizá parece demasiado permisivo. Déjame asegurarte que no hay nada malo en el éxito. ¡El Dios que quiere darte abundantemente por encima de lo que podrías pedir o pensar es el mismo Dios que quiere verte triunfar!

El sueño de José fue un sueño de éxito, y se cumplió. Años después de que los hermanos de José lo vendieron como esclavo en Egipto, sucedió esto:

Y dijo el faraón a José:
—Después de haberte dado a conocer Dios todo esto, no hay

entendido ni sabio como tú. Tú estarás sobre mi casa y por tu palabra se gobernará todo mi pueblo; solamente en el trono seré yo mayor que tú.

Dijo además el faraón a José:

—Yo te he puesto sobre toda la tierra de Egipto.

Entonces el faraón se quitó el anillo de su mano y lo puso en la mano de José; lo hizo vestir de ropas de lino finísimo y puso un collar de oro en su cuello. Lo hizo subir en su segundo carro, y pregonaban delante de él: «¡Doblad la rodilla!» Así quedó José sobre toda la tierra de Egipto. (Génesis 41:39–43)

Dios no te va a dar un sueño de mediocridad. Lo creas o no, ¡el *éxito* es una palabra bíblica! Mira lo que el Señor le dijo a Josué cuando se hizo cargo de la nación de Israel:

Solamente sé fuerte y muy valiente; cuídate de cumplir toda la ley que Moisés mi siervo te mandó; no te desvíes de ella ni a la derecha ni a la izquierda, para que tengas éxito dondequiera que vayas. Este libro de la ley no se apartará de tu boca, sino que meditarás en él día y noche, para que cuides de hacer todo lo que en él está escrito; porque entonces harás prosperar tu camino y tendrás buen éxito. (Josué 1:7–8, NKJV)

Buen éxito.

Puedes definir el éxito como quieras, pero la manera en la que Dios lo define es diferente a la manera del mundo. No se trata de adquisiciones o autocomplacencia. El éxito en el Reino de Dios está a menudo relacionado con el servicio.

Buen Éxito Versus Mal Éxito

La mayoría de personas están decididas a *vivir*; pero menos lo están a tener *éxito,* debido al precio personal a pagar; y muy pocas tienen la determinación de *servir.* El propósito de servir a Dios es que vivamos para tener éxito y tengamos éxito al servir.

Cuando vives con un sueño en tu corazón y con humildad para servir, vives de *verdad.* Cuando tus sueños y tu éxito se centran en servir a la causa de Cristo y a aquellos que te rodean, pasas a formar parte del 1 por ciento. ¿Quién es ese 1 por ciento? Es el conjunto de líderes únicos en su generación que hacen que otros se paren y presten atención. Son esas personas que, independientemente de sus inhibiciones y limitaciones, están decididas a vivir sus sueños y a cumplir sus destinos. Son aquellos que creen profundamente que están llamados a hacer algo importante con sus vidas.

¿Alguna vez has acampado al aire libre? En un país árido y quemado por el sol como Australia, dormir bajo las estrellas significa acabar conociendo de cerca el polvo del suelo. La vida puede ser así. Cuando miramos al cielo, podemos soñar grandes cosas. Es como cuando vas a salir de acampada, y te imaginas las preciosas noches estrelladas, durmiendo junto a una fogata, comiendo nubes de azúcar y asando el pescado que recién pescaste. Pero la realidad de poder vivir esa experiencia también conlleva tener que comprar una tienda de campaña, meterlo todo en el coche, conducir hasta tu destino, montar la tienda, barrer el polvo, deshacerte de las moscas, echarte repelente de insectos y apañártelas sin las comodidades de tu hogar, todo para poder posicionarte en el lugar donde experimentarás ese sueño. Así, cuando el sueño se hace realidad y estás disfrutando de esa magnífica noche estrellada, todo te parece mucho más dulce porque el valor de tu sacrificio y perseverancia ahora está puesto en perspectiva. "Oh, ¡ha valido *tanto* la pena!"

Así que, ¿qué pasa cuando las personas normales y corrientes comienzan a servir, a vivir sus vidas con un propósito en mente y a enfocarse en hacerlo realidad? El polvo del suelo es propiedad de los siervos, mientras que las estrellas del cielo son territorio de reyes. Cuando tenemos corazones de siervos, nos volvemos las personas idóneas para experimentar grandeza y milagros imposibles, para recibir las bendiciones prometidas y para que la Palabra de Dios obre en nuestras vidas.

Jesús dijo: "… el que quiera hacerse grande entre vosotros será vuestro servidor, y el que quiera ser el primero entre vosotros será vuestro siervo; como el Hijo del hombre, que no vino para ser servido, sino para servir y para dar su vida en rescate por todos." (Mateo 20:26–28).

Jamás deberíamos subestimar lo que Dios puede hacer con los sueños de nuestro corazón y el polvo del suelo. No sé qué haríamos nosotros con una costilla, tal vez cocinarla o dársela a los perros, pero Dios tomó una costilla e hizo algo de exquisita belleza: a la mujer (lee Génesis 2:22). Él comenzó con el polvo, pero no acabó allí. ¡Servimos a un Dios asombroso!

Si tienes un sueño en tu corazón, entonces, debes hacerte sembrador. Los sembradores trabajan la tierra, y el proceso de la siembra y la cosecha es un principio de la tierra. Cosechar lo que se siembra no es solo una idea del Antiguo Testamento o una idea del Nuevo Testamento. Es un principio eterno, una promesa bíblica. Si siembras sobre buena tierra, cosecharás. En otras palabras, lo que te llevará a tu sueño, aquello que siembres, es lo que hará que tu sueño prospere. Esencialmente, los siervos viven por algo mucho mayor que ellos mismos. Los siervos comprenden el valor de su contribución a edificar algo grande.

Hace muchos años, cuando mi ministerio televisivo estaba compuesto por un estudio muy simple e improvisado detrás de uno de nuestros edificios de oficinas, había un chico que voluntariamente se ofrecía cada semana para traer cafés, hacer recados y ayudar al productor y al pequeño equipo que trabajaba allí. Con tan solo catorce años, su madre lo llevaba en coche hasta allí, y con un corazón puro y un espíritu enseñable, este chico simplemente se paseaba por los estudios disfrutando de la maravilla del cine y la televisión mientras hacía lo que se necesitaba, sin importar si era algo grande o pequeño.

Diez años más tarde, el sueño en el corazón de este chico comenzó a tomar forma a medida que sus talentos le abrían camino en los estudios. Finalmente se convirtió en el director de una de las series de televisión de más larga duración y más vistas de Australia. Fue en el set de ese programa que conoció a su esposa, una de las actrices principales de la serie y también creyente en Cristo. Sin embargo, su aspiración nunca fue subir la escalera del éxito empresarial en Hollywood. Siempre tuvo el anhelo secreto en su corazón de unir sus evidentes talentos al Reino de Dios y, en la medida de lo posible, continuó sirviendo a la visión de Hillsong con su asesoramiento y voluntariado.

Hoy, Ben Field es el director de todo nuestro departamento de cine y televisión en Hillsong y el genio creativo detrás de todo el contenido de Hillsong Channel. Semana tras semana, trabaja con un creciente equipo de productores, directores, equipos de producción, guionistas y editores creando contenidos innovadores para nuestra iglesia y el público global. Su pasión por la iglesia, disposición para servir y experiencia en su campo lo han convertido en una gran bendición para Bobbie y para mí, llevándonos hacia delante en el mundo de la televisión y de otros medios de una manera que jamás hubiéramos imaginado.

Los imposibles se hacen posibles gracias a nuestras elecciones diarias.

La Palabra de Dios lo dice claramente: Si quieres ser grande, sirve. Así es como Jesús ministró en la Tierra, siendo el servicio la cualidad que lo distinguió de todos los demás. Nunca subestimes el poder del liderazgo de servicio. Recuerda: en el Reino de Dios, el camino hacia arriba es hacia abajo. El camino para llegar a las elevadas alturas de nuestros sueños y visiones de futuro comienza en el terreno polvoriento del servicio. Es el acto de convertirte en un siervo lo que te llevará de lo ordinario a lo extraordinario.

Tus sueños no son nada en comparación con los sueños de Dios para ti. Hay más para tu vida de lo que puedes imaginar, así que ¿por qué no te atreves a soñar en grande?

La Biblia continúa diciéndonos que los sueños de José no solo se cumplieron, sino que su posición y poder inesperados en Egipto trajeron seguridad y cuidado a su familia y nación. Tu destino está abundantemente por encima de todo lo que podrías pedir o imaginar. Tu éxito, al igual que el de José, fue planeado y soñado incluso antes de la fundación del mundo. Así como el destino de José lo llevó finalmente a un lugar de gran influencia y autoridad, también tu futuro puede traer bendición a tu vida y tener un impacto positivo en las vidas de quienes te rodean. Como creyentes, nuestro éxito nunca es solo para nosotros mismos y, a menudo, simplemente comienza con un sueño.

2

¿Mito o Misterio?

No conocemos el nombre de este australiano y nunca lo haremos. No conocemos su rango o batallón. No sabemos dónde nació, ni cómo y cuándo murió exactamente. No sabemos en qué lugar de Australia estaba su hogar o cuándo lo tuvo que dejar para irse al campo de batalla en Europa. No conocemos su edad ni sus circunstancias, si era de la ciudad o del monte; qué oficio dejó para convertirse en soldado; qué religión, si tenía alguna; si estaba casado o soltero. No sabemos quién lo amaba o a quién amaba. Si tuvo hijos, no sabemos quiénes son. Su familia está perdida para nosotros así como él se perdió para ellos. Nunca sabremos quién era este australiano.

—PAUL KEATING, "Día del Recuerdo 1993: Discurso conmemorativo"

Como en muchos otros países, Australia tiene una Tumba al Soldado Desconocido, ubicada en Canberra. El misterio que rodea la historia del desconocido soldado australiano ha capturado la imaginación de toda la nación. Habla de un hombre desconocido pero valiente que con valentía luchó por su país y fue herido hasta quedar irreconocible, dejando que la historia escribiese su historia.

El misterio, ciertamente, ha intrigado al alma humana desde siempre. La naturaleza intrépida de la humanidad ha hecho que cientos de exploradores conquistasen montañas que otros dijeron que no se podían escalar. Nos enamoran las historias del universo exterior, los lugares que nunca hemos visto ni visitado. Los corazones humanos siempre han anhelado viajar más allá de lo que incluso su imaginación les permite. Los cuentos acerca de tesoros enterrados y misteriosas desapariciones despiertan emoción en las mentes de los niños; lo desconocido atrae a las personas como polillas a la luz.

Cuando era niño, mi afán por comprender lo que no se explicaba a menudo me metía en problemas. "No toques ese plato caliente, Brian". "Quédate atrás. Recién pintado". Advertencias como estas eran imanes para mi curiosa personalidad. Incluso hoy en día, cuando me traen un plato a la mesa con la advertencia "¡Mucho cuidado! El plato está caliente" la curiosidad me empuja de manera compulsiva a averiguar cómo está de caliente.

Nos atrae explicar lo que no tiene explicación.

Es natural, por lo tanto, que nos intrigue la belleza y la maravilla de la inmensidad y la naturaleza misteriosa de quién es Dios. Nuestro entendimiento humano trata de razonarlo dentro de un tamaño lógico y manejable. Los teólogos tratan de explicar a Dios y traer respuesta a preguntas que se siguen preguntando una y otra vez. Sin embargo, Dios sigue yendo mucho más allá de la comprensión humana. No podemos controlarlo ni hacer que encaje dentro de nuestra comprensión. No podemos limitarlo por nuestras ideas limitadas sobre lo que es posible. Queremos respuestas a preguntas que solo nos llevarán a más preguntas. Dios es complejo y ambiguo pero simple y claro.

Atrevernos a soñar en grande hace que nos hagamos preguntas como: "¿Qué quiere Dios para mi vida?" "¿Cómo encaja Dios en este plan o este plan en el de Dios?" "¿Le importan los detalles finitos a un Dios infinito?" "¿Por qué ese obstáculo me detuvo en seco?" Y, "¿por qué esa persona siempre parece tener más, mientras que otros tienen menos?"

El Misterio del Reino

En nuestra búsqueda por descubrir más sobre quiénes somos y más sobre quién Dios es, es lógico que nos topemos con lo desconocido, con lo misterioso y, a menudo, incontestable. Incluso el apóstol Pablo se refirió al misterio de Cristo veintiuna veces en sus epístolas. Pero quizá fue Job quien lo transmitió mejor cuando escribió:

> ¿Crees que puedes explicar el misterio de Dios?
> ¿Crees que puedes hacer un diagrama de Dios Todopoderoso?
> Dios está mucho más por encima de lo que puedes imaginar
> y va mucho más profundo de lo que puedes comprender,
> extendiéndose más allá de los horizontes de la Tierra,
> mucho más vasto que el océano sin fin.
> (Job 11:7–9, MSG)

Jesús a menudo usaba parábolas para explicar los grandes misterios del Reino de Dios. Casi todas sus historias comenzaban con "El Reino de Dios es como …" o "El reino de los Cielos es como …" y luego se dedicaba a exponer la verdad a las multitudes que le escuchaban. Estas parábolas son simples, y nos permiten relacionar el evangelio con nuestra vida cotidiana, incluso hoy, ya que hablan de agricultura y pesca, viñedos y la siembra de semillas. Sin embargo, también son profundas y están llenas de maravillosos misterios. Y encontrarás diversas interpretaciones de cada una de ellas en Internet con tan solo hacer clic en un botón.

La vida con Jesús está llena de posibilidades y, cuando empezamos una relación con Él, entramos a un mundo de secretos maravillosos y de verdad revelada, especialmente con cosas que van más allá del entendimiento humano.

La afirmación "Hay más" no podría ser más cierta e indicada para describir lo que experimentamos en la vida cristiana. Hay más por conocer, hay más por entender, y hay más por venir. Cuanto más sabemos acerca de Dios y su Palabra, más nos damos cuenta de que aún no sabemos nada. Capa tras capa, misterio tras misterio, tesoro tras tesoro y, en efecto, más tras más se nos revela cuando buscarle a Él es nuestro premio.

El Misterio de la Voluntad de Dios

Eran las tres de la mañana. En la oscuridad de la noche, los hombres se asomaron por el lado de la barca en la que navegaban y vieron una figura misteriosa que se movía hacia ellos por el agua. ¿Era un fantasma? ¿Qué era este aterrador encuentro? Acababan de ministrar a una multitud de miles ese mismo día y estaban cruzando el Mar de Galilea:

Pero a la cuarta vigilia de la noche, Jesús fue a ellos andando sobre el mar. Los discípulos, viéndolo andar sobre el mar, se turbaron, diciendo:

— ¡Un fantasma!

Y gritaron de miedo. Pero en seguida Jesús les habló, diciendo:

—¡Tened ánimo! Soy yo, no temáis.

Entonces le respondió Pedro, y dijo:

—Señor, si eres tú, manda que yo vaya a ti sobre las aguas.

Y él dijo:

—Ven.

Y descendiendo Pedro de la barca, andaba sobre las aguas para ir a Jesús. Pero al ver el fuerte viento, tuvo miedo y comenzó a hundirse. Entonces gritó:

—¡Señor, sálvame!

Al momento Jesús, extendiendo la mano, lo sostuvo y le dijo:

—¡Hombre de poca fe! ¿Por qué dudaste?

En cuanto ellos subieron a la barca, se calmó el viento.

Entonces los que estaban en la barca se acercaron y lo adoraron, diciendo:

—Verdaderamente eres Hijo de Dios. (Mateo 14:25–33)

Déjame decirte que, así como los discípulos lo experimentaron, hay tanta intriga, tanto misterio y tanta incertidumbre cuando decides seguir a Cristo. Tal vez te estás haciendo la misma pregunta que Pedro se hizo: "Dios, ¿eres realmente tú?" Quizás te estás preguntando cuál es tu siguiente paso en tu caminar por fe. O puede que te estés haciendo la pregunta que suele aparecer en la cabeza de cada creyente al menos una vez al año: *¿Cuál es la voluntad de Dios para mi vida?* Bueno, tengo noticias para ti. A veces, para hallar el misterio de lo que está por venir, el misterio de la voluntad de Dios, tú, al igual que Pedro, deberás salir de la barca.

El Gran Desconocido

Ha habido muchas ocasiones en mi vida en las que, para poder avanzar, he tenido que salir de mi zona de confort. He tenido que estirar, confiar y dar pasos hacia un territorio desconocido.

La Iglesia Hillsong nació sin ninguna garantía. No se nos prometió apoyo financiero, nadie nos garantizó que la gente vendría, y no teníamos la certeza (aunque sí fe en Jesús y confianza en su llamado) de que Dios fuera a bendecir a esta pequeña y nueva iglesia local. Priorizar nuestra seguridad nos habría estancado donde estábamos. La iglesia que mis padres pastoreaban era fuerte y floreciente, así que, si hubiéramos continuado sirviendo bajo su visión y aprovechado esa oportunidad, inevitablemente me hubiera acabado convirtiendo en el pastor principal. Era claramente la opción segura. Pero Dios me estaba llevando a creer que había algo más.

Cuando anuncié que nos íbamos y que nos mudábamos a la periferia rural de la ciudad, mi padre nunca se resistió, aunque se negaba claramente, y no hubo despedida oficial. Me quedé solo anunciándole a la congregación que ese era nuestro último domingo. Tuve que comprar la mesa de mi oficina para poder llevármela conmigo, y mis amigos comenzaron, en broma, a llamarme con un nombre despectivo relacionado con la zona a la que nos mudábamos. Aún así, estábamos emocionados. Nunca me sentí ofendido por la bienvenida que nos dieron, porque estaba más emocionado por los misterios del futuro que preocupado por la comodidad y la seguridad que dejábamos atrás. Nos fuimos sin mucho apoyo y, como pioneros, abrimos esta nueva iglesia que comenzó con un pequeño grupo de personas de la misma zona que se reunía para hacer un estudio bíblico, y supongo que eso era todo lo que se necesitaba. Todo lo demás era lo desconocido.

A menudo la gente lee la historia del caminar sobre el agua en el libro de Mateo y piensa: *Sí, ¡pero Pedro se hundió!* Aunque deberíamos recordarnos a nosotros mismos que ¡al menos Pedro salió de la barca! Los otros discípulos ni siquiera salieron de la barca. Dicho esto, al menos los discípulos se subieron *a* la barca. ¡Hubo cinco mil personas que nunca abandonaron la orilla! Si reflexionas por un momento en tu actitud, ¿te pareces más a las personas que se conformaron con la seguridad de la orilla o eres como los discípulos que se arriesgaron un poco y subieron a la barca? O, ¿eres como Pedro, que no solo dejó la orilla sino que también salió de la barca, todo porque Jesús le dijo "ven"?

A veces me he referido a la voluntad de Dios con la expresión "cuerda floja". Muchos piensan que eso significa que es fácil entrar y salir de la voluntad de Dios, pero a Él se le da mucho mejor mantenernos en el camino de lo que nosotros solemos reconocer. Creo que si caminamos en sintonía con el Espíritu Santo, de acuerdo con la Palabra y en la voluntad de Dios, el Señor continuará dándonos indicaciones y luz verde mientras damos un paso tras otro. Aunque también es capaz de poner el semáforo en rojo, colocar señales de advertencia y desvíos por vallas publicitarias justo frente a nosotros, indicándonos que nos detengamos y reconsideremos nuestros próximos movimientos. Solo debemos confiar en que Él dirige nuestros pasos.

¿Cuál es tu respuesta cuando Jesús te llama? ¿Qué has hecho con esos impulsos de tu corazón y los dones que hay en tu mano para seguir a Cristo hacia el misterio del futuro que Dios te ha dado?

Efesios 1:9 nos dice que Jesús nos "dio a conocer el misterio de su voluntad, según su beneplácito". ¿Alguna vez has pensado en lo que complace el corazón de Dios? Estoy convencido de que en el misterio de tu futuro glorioso, tendrás épocas de desilusión y angustia, tiempos difíciles y pasos en falso, pero si sigues a Jesús y das un paso tras otro cuando Él te llame, entonces su beneplácito, su voluntad y su propósito para tu vida se cumplirán.

Con demasiada frecuencia, anhelamos saber cuál es el siguiente paso. Nos encantaría que Dios nos revelase el futuro con el más mínimo detalle, tipo: "A las cinco en punto de la noche del sábado, un hombre caminará por tu misma calle y se topará contigo. Al principio no pensarás mucho en él, pero escúchame. ¡Él es el chico!" O "¿Te acuerdas de la entrevista que hiciste la semana pasada? No aceptes ese trabajo. Dentro de una semana, te ofrecerán uno mejor, si esperas".

Pero, ¿para qué necesitaríamos la fe si la vida fuese así? ¿Para qué confiar en Él si ya sabemos lo que va a suceder a continuación? La vida con Jesús incluye salir a lo desconocido y confiar, y estoy convencido de que Dios quiere equiparnos para ese viaje. Cada circunstancia y momento de la vida puede convertirse en un nuevo descubrimiento acerca de otra faceta de Dios y una revelación de lo que está por venir.

Isaías 46:10 nos asegura que el Señor conoce "lo por venir desde el principio". Él está en todas las cosas y por encima de todas las cosas, y sus planes superan con creces tus mayores deseos. Acepta el misterio. Decide unirte a la aventura. No te arrepentirás de haberlo hecho.

El Mito de Más

El gran mito de más es que deberíamos saber más en nuestras propias fuerzas; es que de algún modo, Dios debería ser explicable y comprensible para poder encajar en nuestro nivel de entendimiento. Sin embargo, no hay comprensión de Dios sin una relación personal con su Hijo. Dice Juan 14:23: "Respondió Jesús y le dijo: —El que me ama, mi palabra guardará; y mi Padre lo amará, y vendremos a él y haremos morada con él".

Como seguidor de Jesús, es fácil caer en la trampa de hacer más, como si el servicio cristiano fuera la única llave hacia una relación cercana con nuestro Creador. Pero nuestra conexión con Dios siempre apunta hacia Él y nunca se trata de nosotros.

Siempre apunta hacia lo que Él ya ha hecho: Es por su obra redentora en la Cruz y la realidad de la tumba vacía que hoy hay esperanza en nuestro futuro.

Como persona que lleva años a tiempo completo en el ministerio, he visto e incluso yo mismo he quedado atrapado en el mito de que "más es más", de que de alguna manera competir, esforzarse y demostrar es lo que nos pone por delante; de que cuantas más personas, más conferencias, y más reuniones hagamos, más estaremos agradando a Dios. Pero la clave para tener "todas las riquezas de pleno entendimiento" (Colosenses 2:2) es nacer de nuevo por el poder del Espíritu Santo.

Caminar todos los días en completa entrega a la Palabra de Dios y al ritmo de los impulsos de su Espíritu te llevará a esa gracia, paz y vida abundante que va más allá de lo que alguna vez pediste, soñaste o imaginaste, y no a un lugar de agotamiento con un ritmo frenético y una incansable búsqueda de más tiempo, más cosas y más descanso. Conocer a Jesús de manera personal te abrirá un mundo de descubrimientos y oportunidades sin fin, pero nunca demandará de ti aquello que no puedes dar.

Ya No es un Misterio

Nuestra paz y felicidad no se encuentra en las riquezas ni en las posesiones materiales. No está en el "más" del tiempo terrenal, en su gestión o cumplimiento. Está en la comprensión de la persona de Jesucristo y la profundidad de su sacrificio por nosotros.

Pablo nos dice "Sin duda alguna, el gran misterio de nuestra fe es el siguiente" y luego continúa con lo que debió ser un himno de la iglesia primitiva:

> Cristo fue revelado en un cuerpo humano
> > y vindicado por el Espíritu.
> Fue visto por ángeles
> > y anunciado a las naciones.
> Fue creído en todo el mundo
> > y llevado al cielo en gloria. (1 Timoteo 3:16, NTV)

En ese breve párrafo, la Biblia revela el corazón del evangelio: El misterio de la devoción y la vida en Cristo. El secreto de nuestra salvación estaba oculto, pero ahora ha sido revelado. El misterio es dado a conocer a quienes creen en Cristo.

No podemos, por nuestra propia voluntad, agradar a Dios o tener la vida abundante que tanto deseamos sin depender de Cristo. En su sentido más amplio, el misterio de Dios es su plan de salvación a través de Jesús: su muerte y resurrección. Y ese "más" que nuestros corazones anhelan es en realidad la eternidad junto a Aquel que nos creó para adorarle. Nunca hubiéramos sido capaces de comprender el camino a la vida eterna sin la venida de Jesús.

Pablo dice: "Quiero que lo sepan para que cobren ánimo, permanezcan unidos por amor, y tengan toda la riqueza que proviene de la convicción y del entendimiento. Así conocerán el misterio de Dios, es decir, a Cristo, en quien están escondidos todos los tesoros de la sabiduría y del conocimiento." (Colosenses 2:2–3, NVI). En tu búsqueda por descubrir más, empieza con Jesús. Deja espacio para la maravilla, el misterio y la reverencia que vienen con la vida en Cristo. Quédate asombrado con este Dios al que no podemos comprender plenamente. Maravíllate con los misterios que encontrarás por todas partes dentro de su perfecta voluntad y, en tu búsqueda por la vida de Efesios 3, nunca busques más para ti sin antes descubrir más de Él.

3

Obediencia
y Abundancia

Siempre estuve lejos de ser el niño perfecto. Me crié en la década de los 60 en Wellington, Nueva Zelanda, luchando con la gran necesidad de sentirme aceptado y el miedo en general al rechazo de mis compañeros. Además de todo esto, tuve que enfrentarme a la constante e inevitable tentación de todo adolescente durante la adolescencia: la tentación a ceder, encajar y buscar la aprobación de todos.

Sin embargo, al mismo tiempo, crecí con el fuerte deseo de servir y honrar a Dios con mi vida y la convicción de que si me mantenía puro en tres áreas específicas, experimentaría sus abundantes bendiciones. Creo que el Espíritu Santo fue quien me dio estas convicciones tan fuertes sobre mis hábitos, moralidad y prioridades. Aunque es cierto que la tentación juvenil me llevó a los límites, logré terminar mi infancia y juventud con esas tres áreas de obediencia intactas.

Ahora bien, sé que la gracia y el favor de Dios no se basan en el esfuerzo humano y que no hay nada que puedas hacer para que Él te ame más, del mismo modo que no hay nada de lo que hagas que le lleve a amarte menos. No puedes forzar la mano de la bendición de Dios con tus esfuerzos y obras. No se trata de: "Haz el bien y recibirás lo bueno". De hecho, la Biblia nos dice que *todos* hemos pecado y no podemos alcanzar la gloria de Dios. Pero también estoy convencido de que Él honra la obediencia, la cual se muestra y se lleva a cabo a través de nuestra simple fidelidad. En otras palabras, la obediencia y la fidelidad son compañeras inseparables, que fluyen de manera preciosa cuando están juntas.

Así como podemos estar seguros de que el amor es la puerta de entrada al matrimonio, la disciplina es necesaria para perder peso, y la siembra siempre da lugar a la cosecha, estoy convencido de que no experimentarás la vida abundante que Dios promete sin obediencia, obediencia a su Palabra y obediencia para seguir sus preceptos y confiar en sus promesas. La obediencia precede a la abundancia. Y lo mejor es que, si has tenido problemas con la obediencia y la fidelidad en el pasado, no hay mejor momento que el presente para comenzar de nuevo.

Lo Primero es lo Primero

Sin duda, Jesús vino a la tierra para ser la respuesta a la depravación humana, para redimirnos y soportar las heridas de nuestro pecado y nuestra enfermedad a través de la aflicción y las heridas que sufrió. Él también vino a darnos, a ti y a mí, la vida de la resurrección. Es poderosamente tranquilizador ver cómo Él mismo lo resume todo con una simple afirmación contrastada en Juan 10:10: "El ladrón no viene sino para hurtar, matar y destruir; yo he venido para que tengan vida, y para que la tengan en *abundancia*."

¡Wow!

Déjame explicártelo.

Algunos conectan rápidamente cualquier pensamiento de abundancia con la vida después de la muerte y la promesa eterna de comunión con Dios con el cielo. Pero tómate un momento para reflexionar sobre las palabras de Jesús a sus discípulos después de que un joven gobernante rico se fuera desesperado, sin querer renunciar a todo lo que tenía para tomar su cruz y seguir a Cristo. Ese encuentro dejó a los discípulos llenos de preguntas acerca de la esperanza de salvación que nos aguardaba y, fue justo en ese momento, cuando Pedro se encargó de recordarle al Hijo de Dios que habían dejado todo para seguirlo. La respuesta de Jesús a sus preguntas fue hablar específicamente sobre la bendición que viene con ponerle a Él primero:

> Respondió Jesús y dijo:
>
> —De cierto os digo que no hay nadie que haya dejado casa, o hermanos, o hermanas, o padre, o madre, o mujer, o hijos, o tierras, por causa de mí y del evangelio, que no reciba cien veces más ahora en este tiempo: casas, hermanos, hermanas, madres, hijos y tierras, aunque con persecuciones, y en el siglo venidero la vida eterna. Pero muchos primeros serán los últimos, y los últimos, primeros. (Marcos 10:29–31)

Observa cómo se refiere tanto a "ahora en este tiempo" como al "siglo venidero" y hace una clara distinción entre los dos. Pero junto con la bendición prometida ("ahora en este tiempo"), sus palabras son un serio recordatorio de que las persecuciones también son parte de esta vida. No todo el mundo entiende las bendiciones de Dios y sus promesas para aquellos que viven en fiel obediencia.

Entonces, ¿qué es la abundancia? ¿Es bendición financiera? Podría ser. Es cierto que Dios puede bendecir tu negocio y traer a tu camino abundantes recursos. Su Palabra es clara: Él bendice a aquellos que están comprometidos a bendecir a otros. Pero no es lo único ni siquiera lo primero que me viene a la mente cuando pienso en la desbordante abundancia de Dios. Para mí, la abundancia incluye mucho más.

El diccionario define la palabra *abundancia* como "plenitud de las cosas buenas de la vida".[2] Piensa en eso. Plenitud de amor, plenitud de bondad, plenitud de alegría, plenitud de paz, plenitud de éxito, plenitud de relaciones, plenitud de risas, plenitud de postres… Vale, lo último es sólo para mí. Pero, ¡"las cosas buenas de la vida" da lugar a muchas interpretaciones!

Me lleva de vuelta a la promesa que me motivó a empezar a escribir *Hay Más*: "Y a Aquel que es poderoso para hacer todas las cosas mucho más abundantemente de lo que pedimos o entendemos, según el poder que actúa en nosotros" (Efesios 3:20).

- *Excesivo:* superando y yendo más allá
- *Abundante:* lleno y desbordante
- *Por encima:* levantándote más alto de lo que nunca podrías pedir o pensar

Todo hecho posible por su poder que obra en ti.

¿Sabías que la abundancia y el éxito formaban parte de los mandamientos del primer pacto que Dios hizo con los seres humanos? Les dijo: "Fructificad y multiplicaos; llenad la tierra y sometedla" (lee Génesis 1:28). Dios no hablaba sólo de descendencia, sino de una vida y un entorno perpetuo y generacional de bendición y crecimiento. Esta bendición y

---

2 *Oxford Living Dictionaries,* s.v. "abundance," https://en.oxforddictionaries.com/definition/abundance.

expansión tenían un propósito que aún hoy continúa vigente. Como ya he mencionado en este capítulo, somos bendecidos para ser de bendición a otros y para mostrar la bondad de Dios en nuestras vidas. Si estamos llamados a ser de bendición a otros, nuestro pensamiento debe estar de acuerdo con lo que la Biblia enseña acerca del vivir bendecido.

La clave para alinear tu actitud con la bendición está en aquello que pones *primero* en tu vida: Busca *primeramente* el Reino de Dios y su justicia, y todas estas cosas te serán añadidas (lee Mateo 6:33). ¡Me encanta esa promesa! Pero, ¿qué significa exactamente buscar primero el Reino?

Regido por las Reglas

La *obediencia* no es una palabra muy popular hoy en día. Algunos animan a la gente a no mirar por nadie y a no someterse a nadie. Existen movimientos enteros basados en los principios de la desobediencia, que se rebelan contra el sistema y se alejan de la norma. Aun así, Juan 14:15 lo deja bien claro cuando Dios dice: "Si me amáis, guardaréis mis mandamientos." (LBLA).

Fíjate que no dice: "Si me amáis, leeréis la Biblia durante una hora todos los días, oraréis sin cesar, seréis amable con todo el mundo, daréis un 10% de diezmo y un 5% a las misiones, y serviréis en la iglesia". Mucha gente permite que las prácticas religiosas y las interpretaciones de la Biblia hechas por el hombre gobiernen su espíritu. Los cristianos bienintencionados guían a las personas por el camino equivocado de las normas y las costumbres en lugar de llevarlos por el camino que te hace vivir en la gracia de estar en relación con Cristo.

Si alguna vez has estado en la Iglesia Hillsong, sabrás que le damos mucho valor a los principios bíblicos, tales como el servicio, el diezmar, el dar, el compartir la fe y la adoración. Pero, ¡estos principios no nos obligan ni nos atan! No es un entorno en el que te vayan a echar fuera si no oras o si te olvidas de traer tu Biblia. Cuando caminas en una relación verdadera, viva y dinámica con Jesús, la obediencia no se convierte en un sacrificio sino en una consecuencia desbordante de tu amor por Dios. Tu capacidad para oír la voz de Dios (y no solo oírla sino escucharla y confiar en sus mejores intenciones y promesas para tu vida) se convierte en el mayor impulsor de tu deseo de obedecer. Buscar primeramente el reino se convierte en una respuesta natural en lugar de ser una reacción forzada.

El Precio de Más

Uno de los mayores ejemplos de obediencia en la Biblia aparece al principio de la Palabra de Dios. La historia en Génesis sobre Abraham y Sara, que tuvieron un hijo prometido en su vejez, es uno de esos testimonios que debería ser gritado a los cuatro vientos en el que vemos a Dios responder oraciones. Durante años, esta mujer estéril cargó con la vergüenza de su condición mientras su marido esperaba el cumplimiento de la profecía que le decía que sería padre de multitudes. *¿Multitudes?* ¿Con una mujer *estéril* de noventa años? Sin embargo, una vez más, nuestro Dios hizo lo imposible. Le llamaron Isaac y me imagino que se convirtió en su alegría. Era la culminación de su esperanza y confianza, la promesa y el sueño de que sus descendientes, a través de este pequeño, serían tan numerosos como todas las estrellas en el cielo.

Es por eso que la historia de Abraham y su hijo milagroso en el monte de Moriah es para mi posiblemente la historia más desafiante del Antiguo Testamento. Como padre, mi tendencia natural es siempre proteger a mis hijos y hacer todo lo que esté en mi mano para evitar que se hagan daño. Cuando eran pequeños, siempre les decía: "Por favor, tomadme de la mano" cuando cruzaban la calle y siempre revisaba dos veces el pestillo de la puerta de la piscina para asegurarme que estaba cerrado. Cuando crecieron, mis palabras cambiaron a: "Conducid con cuidado" y "No lleguéis tarde", dicho amablemente pero con firmeza mientras salían por la puerta. Es cierto que nuestros hijos hacen que nuestras vidas de oración se mantengan activas y, aunque siempre he sido un hombre de palabra decidido a no cancelar mi agenda como predicador si a alguien de mi familia realmente le dolía algo o tenía problemas, todo lo que había dentro de mí hacía que me apresurara a su lado. Mi compromiso y lealtad siempre serán para la familia.

Es por eso que, como padre, ni siquiera puedo pensar en cómo debió ser cuando Dios le pidió a Abraham lo impensable:

Aconteció después de estas cosas, que Dios probó a Abraham.

Le dijo: —Abraham.

Éste respondió: —Aquí estoy.

Y Dios le dijo: —Toma ahora a tu hijo, tu único, Isaac, a quien amas, vete a tierra de Moriah y ofrécelo allí en holocausto sobre uno de los montes que yo te diré.

Abraham se levantó muy de mañana, ensilló su asno, tomó consigo a dos de sus siervos y a Isaac, su hijo. Después cortó leña para el holocausto, se levantó y fue al lugar que Dios le había dicho. Al tercer día alzó Abraham sus ojos y vio de lejos el lugar. Entonces dijo Abraham a sus siervos: —Esperad aquí con el asno. Yo y el muchacho iremos hasta allá, adoraremos y volveremos a vosotros.

Tomó Abraham la leña del holocausto y la puso sobre Isaac, su hijo; luego tomó en su mano el fuego y el cuchillo y se fueron los dos juntos.

Después dijo Isaac a Abraham, su padre: —Padre mío.

Él respondió: —Aquí estoy, hijo mío.

Isaac le dijo: —Tenemos el fuego y la leña, pero ¿dónde está el cordero para el holocausto?

Y Abraham respondió: —Dios proveerá el cordero para el holocausto, hijo mío.

E iban juntos. (Génesis 22:1–8)

He leído este pasaje en numerosas ocasiones en mi caminar cristiano. Ya sabemos lo que pasa después, pero ¿alguna vez te has parado a pensar en esos momentos entre el sacrificio y la provisión? Obediencia. Sin duda alguna, Abraham no lo estaba haciendo porque quería hacerlo. Me imagino que subió a la montaña temblando, secándose las lágrimas de los ojos y el sudor de la frente, orando para que ese no fuera el momento en el que Dios apagara su promesa. Piensa en esa conversación cuando Isaac miró a su padre, con confusión e inocencia en su rostro. "Pero papá, ¿dónde está el cordero que mataremos?"

La respuesta de Abraham ("Dios mismo proveerá el cordero") estaba llena de fe, pero sus acciones fueron definitorias. No se quedó en mera palabrería. La Biblia nos cuenta que ató a su hijo, puso palos de leña a su alrededor, lo colocó en el altar, y alzó su mano para matar a su hijo.

La obediencia es costosa.

Confía en el Proveedor

En sus manos, Abraham sostenía a su hijo; en su corazón sostenía su promesa, y por su obediencia el Señor proveyó.

Entonces el ángel de Jehová lo llamó desde el cielo:

—¡Abraham, Abraham!

Él respondió:

—Aquí estoy.

El ángel le dijo:

—No extiendas tu mano sobre el muchacho ni le hagas nada, pues ya sé que temes a Dios, por cuanto no me rehusaste a tu hijo, tu único hijo.

Entonces alzó Abraham sus ojos y vio a sus espaldas un carnero trabado por los cuernos en un zarzal; fue Abraham, tomó el carnero y lo ofreció en holocausto en lugar de su hijo. Y llamó Abraham a aquel lugar «Jehová proveerá.» Por tanto se dice hoy: «En el monte de Jehová será provisto.»

Llamó el ángel del Señor a Abraham por segunda vez desde el cielo, y le dijo:

—Por mí mismo he jurado, dice Jehová, que por cuanto has hecho esto y no me has rehusado a tu hijo, tu único hijo, de cierto te bendeciré y multiplicaré tu descendencia como las estrellas del cielo y como la arena que está a la orilla del mar; tu descendencia se adueñará de las puertas de sus enemigos. En tu simiente serán benditas todas las naciones de la tierra, por cuanto obedeciste a mi voz. (versículos 11–18)

¿Puedes asimilar estas promesas? *Bendiciones:* "Te bendeciré". *Fructificación:* "Te multiplicaré". Y la bendición no se detuvo con Abraham, porque Dios dijo que a causa de su obediencia, las naciones también serían bendecidas.

Quiero insinuarte que hay "más" al otro lado de tu obediencia, tanto ahora como en el futuro. Tu habilidad para aferrarte a las promesas de Dios, confiar en su provisión y creer que Él desea para ti una vida abundante te ayudará a mantenerte firme una y otra vez. Así, cuando los tiempos difíciles, los tiempos de prueba, los tiempos de espera y los tiempos de empuje lleguen, Jehová-Jireh, el Señor nuestro Proveedor, estará caminando diez pasos por delante, trayendo esa vida llena de propósito que va por encima de todo lo que pudieras pedir o imaginar, tanto aquí como en la eternidad.

La primera promesa a Abraham (que se encuentra en Génesis 15) hablaba de una descendencia numerosa. La recompensa por su obediencia le otorgó un honor que perduraría para siempre. Como sabrás, Abraham se convirtió en el patriarca de la línea Davídica que llegó hasta Jesús. Fue la obediencia lo que le condujo abundantemente por encima de todo lo que él podía pedir o imaginar.

¡Qué promesa! ¡Qué esperanza tenemos! A diferencia de Abraham, nosotros hemos recibido todas las promesas de la vida abundante y todos los parámetros de una vida santa, sin el sacrificio. Como dice 1 Samuel 15:22: "La obediencia es mejor que el sacrificio" (NTV).

Descenso Ascendente

En el álbum de Hillsong UNITED, llamado *Empires*, hay una canción, "Touch the Sky" (Tocar el Cielo), que es de mis favoritas y ha acabado convirtiéndose en un himno con mucho significado para nuestra iglesia. Su letra nos recuerda que la vida con Cristo a menudo se caracteriza por una postura de rendición y que la obediencia a su llamado nos lleva a la abundancia.

Mi corazón latiendo está

Vida encontré al rendirme a ti.

Me postraré y el cielo yo

podré tocar al caer a tus pies.[3]

Al cantar estas palabras, recuerdo nuevamente el sueño de Dios que Abraham recibió sobre las innumerables estrellas del cielo. Este sueño sobre las estrellas se forjó en la obediencia de Abraham, se puso en marcha en el polvo de la arena del desierto.

El apóstol Juan escribió: "Cualquiera que asegure tener intimidad con Dios debe vivir el mismo tipo de vida que Jesús vivió" (1 Juan 2:6, MSG). ¡Qué desafío! Si queremos una vida plena, llena hasta rebosar de sueños que van más allá y promesas cumplidas, debemos ir ante el Rey, con total rendición y obediencia. Debemos estar dispuestos a tocar el suelo antes de tocar el cielo.

Un Compromiso Costoso

Así como el misterio de más está totalmente relacionado con Jesús, también el camino hacia más debe tratarse de obedecerle. Pero nuestra obediencia no debe sucumbir al pragmatismo o a la comodidad y nunca debe estar en desacuerdo con la convicción del Espíritu Santo.

Todo el reinado del rey Saúl terminó porque aunque sacrificó las ofrendas quemadas según la costumbre, lo hizo en un entorno lleno de excusas, malas interpretaciones y, finalmente, desobediencia (lee 1 Samuel 13:1–14).

---

3   Letra y música de Joel Houston, Dylan Thomas, y Michael Guy Chislett, "Touch the Sky," *Empires,* copyright © 2015 Hillsong Music Publishing. Usado con permiso. Traducción libre.

Saúl estaba en el ojo del huracán en Gilgal. El profeta Samuel se había marchado tras decirle a Saúl que regresaría en una semana, dejándole al rey las instrucciones explícitas de no hacer ningún sacrificio hasta que él, como portavoz de Dios, regresara. Sin embargo, el ambiente tenso empezó a hacer que Saúl sintiera la presión. Miles de hombres, caballos y carros filisteos avanzaban hacia ellos. Superaban en número a los israelitas que temblaban de miedo. La Biblia pinta una imagen de los hombres de Saúl en peligro y con niveles de angustia en su punto más alto mientras literalmente corrían hacia las colinas. Se nos dice que muchos se escondieron en cuevas, matorrales, rocas, agujeros y pozos, mientras que otros simplemente escaparon, cruzando el Jordán en un aterrador intento por escapar.

Saúl veía como sus hombres iban disminuyendo rápidamente, así que después de haber esperado a Samuel durante siete días, decidió tomar las riendas del asunto. Hizo los sacrificios y quemó las ofrendas que tan claramente le habían prohibido hacer hasta que el sacerdote regresara.

Cuando Samuel regresó, Saúl le salió al encuentro con toda clase de excusas posibles, pero Samuel tenía malas noticias para el rey. El plan de Dios para Saúl no era que interpretase la Palabra del Señor, modificando los mandamientos para que encajasen con las circunstancias. Todo el mundo tenía claro que Saúl era un líder con más fe en su propio juicio que en Dios, quien lo había ungido como primer rey de Israel. Su desobediencia le costó su reino.

¿Con cuánta frecuencia en nuestro viaje por la vida nuestras apremiantes circunstancias nos hacen creer que es totalmente razonable y lógico que traduzcamos, descifremos e interpretemos la Palabra de Dios como más nos convenga en lugar de simplemente confiar y obedecer? Por muy convincente y cautivadora que sea la voz interna del pragmatismo, cuando la Palabra de Dios dice "que tu 'Sí' sea 'Sí' y tu 'No' sea 'No'" (Mateo 5:37, WEB), no quiere decir que podamos tomarlo como un sí hasta que ya no nos convenga y luego, interpretar las cosas como un no hasta que tampoco nos venga bien. Ceder en nuestras convicciones o malinterpretar la verdad de la Palabra de Dios nunca traerá consigo abundancia ni bendición.

Como pastor de una iglesia, los medios de comunicación a menudo me preguntan lo que pienso sobre ciertos temas de actualidad y cuestiones sociales importantes. Con frecuencia siento que la premisa detrás de sus preguntas es errónea. No creo que "¿Qué opinas?" sea la pregunta correcta, ya que lo que yo opino puede con rapidez hundirse en el pragmatismo, los clichés y la transigencia. Podría responder tan fácilmente diciendo cosas como "Todo el mundo merece ser feliz" o "Mi papel no es juzgar a los demás" o incluso "Vive y deja vivir". Y podría ser lo que creo, pero ¿es eso lo que *realmente* importa?

La obediencia a Dios y a su Palabra es la única manera correcta que tengo para poder pastorear responsablemente a su pueblo. Al final, mi compromiso a obedecer a Dios es lo que hará que su abundancia y bendición sigan fluyendo en mi vida y ministerio y en la iglesia que tengo el honor de pastorear desde hace tantos años. A veces eso supone tener que tomar el camino complicado porque se trata del más correcto que puedo tomar.

Tengo poco respeto por los espíritus duros de aquellos que se sientan fuera del terreno de juego para escupir rotundas opiniones y veneno santurrón a las personas que están al otro lado de la valla. Para mí, comprometerme a obedecer a Dios y a su Palabra es una decisión dolorosa porque sé que podría llegar a herir los sentimientos de alguien o dar una imagen negativa de mí, pero he visto las consecuencias que tiene el ceder y transigir. He sido testigo de cómo todo rastro de abundancia se seca en aquellos que permiten que una interpretación conveniente en lugar de una obediencia fiel disminuya su obediencia a Cristo y a su Palabra.

La vida de gracia a la que estamos llamados se alimenta de nuestro amor por el Salvador. Al poner nuestros ojos en Jesús, meditar en su Palabra y confiar en sus promesas, será más fácil vivir en obediencia, deshacernos de la conveniencia y simplemente obedecer en lugar de interpretar.

Ve un Poco Más Profundo

Quiero dejarte con una de mis historias bíblicas favoritas. Está en Lucas 5, cuando Jesús les da una lección a sus discípulos exactamente sobre esta manera de pensar. Simón Pedro y los otros acababan de recoger su equipo de pesca tras una frustrante noche. Probablemente, acababan de limpiar sus redes (nada fácil) y reordenar la barca, con la esperanza de que mañana su suerte cambiara, cuando Jesús se acercó a hablar con ellos. Dijo: "Ahora ve a las aguas más profundas y echa tus redes para pescar." (versículo 4, NTV). ¿A quién no le gusta pescar?

Pero la respuesta de Pedro a Jesús es exactamente lo que muchos de nosotros diríamos, y está envuelta en dudas y excusas: "—Maestro, hemos estado trabajando duro toda la noche y no hemos pescado nada" (versículo 5, NVI). Lo que realmente estaba diciendo era: "Pero Jesús, no tengo *ganas* de hacerlo. Realmente no *quiero* hacerlo". A pesar de su respuesta humana, Pedro demostró su amor y entrega a Cristo al decir: "Pero, como tú me lo mandas, echaré las redes" (versículo 5, NVI).

La Biblia continúa y nos explica que: "Así lo hicieron, y recogieron una cantidad tan grande de peces que las redes se les rompían. Entonces llamaron por señas a sus compañeros de la otra barca para que los ayudaran. Ellos se acercaron y llenaron tanto las dos barcas que comenzaron a hundirse" (versículos 6–7, NVI).

Relájate. ¡Su barca no se hundió! Simplemente pesaba más a causa de las bendiciones. Su porción fueron las bendiciones abundantes, desbordantes y más que suficientes que solo Dios mismo podría haber traído.

Incluso en aguas profundas, tu obediencia importa. De hecho, tu obediencia es *especialmente* importante en aguas profundas porque es en momentos así, cuando estamos débiles y corremos el riesgo de tomar malas decisiones, que nos volvemos más susceptibles al Enemigo. Incluso cuando no tengas ganas, ni tenga sentido, o resulte incómodo y frustrante escuchar a Jesús, confiar en su voz y obedecer sus mandamientos superará *siempre* tus expectativas.

4

Dotado y Agraciado

Trescientos mil trillones. ¡Qué número más grande! Trescientos mil trillones: Ese es el número aproximado de estrellas que hay en nuestro universo. Trescientos mil trillones de pequeñas luces ardientes suspendidas en el espacio que brillan cada noche, creadas por Dios para nuestro placer visual. ¡Wow! Y Dios no solo creó todas las estrellas, sino que ¡también les puso nombre a todas!

> Él determina el número de las estrellas
> y a todas ellas les pone nombre. (Salmos 147:4, NVI)

Descubrir más sobre quién es Jesús significa descubrir más del Padre. El Dios Trinitario al que servimos está en relación con nosotros a través de Dios el Padre, Jesús el Hijo y el Espíritu Santo. Y la Biblia nos permite comprender mejor el carácter y la naturaleza de cada uno de ellos, cómo trabajan y cómo se relacionan con nosotros. En cuanto a ti, tus dones únicos y la gracia que hay sobre tu vida para llevar a cabo los planes y propósitos que Él tiene para ti, recuerda que al Padre no se le escapa *nada*.

El Buen Padre

¿Alguna vez has abierto un regalo y te has dado cuenta que (a) no tenías ni idea de lo que era o (b) realmente no querías lo que había en la caja?

A mi esposa, Bobbie, se le da increíblemente bien dar regalos. Es exageradamente generosa y dedica grandes cantidades de tiempo y energía pensando en la persona para la que está comprando ese regalo hasta que encuentra el perfecto. No lo hace solo con nuestra familia sino también con nuestros amigos, nuestro equipo y muchas otras personas importantes para nuestras vidas.

Por mi parte, es posible que no siempre lo haya hecho bien.

Cuando tenía once o doce años, mi madre nos dio a cada uno de mis cuatro hermanos y a mí un poco de dinero para comprar regalos de Navidad. Con emoción en nuestros ojos y muchas ganas, tomamos el tren a la ciudad de Wellington y comenzamos nuestra búsqueda de los regalos perfectos. Mi búsqueda me llevó a Woolworths (un gran almacén), donde "lo" vi. Mis ojos se quedaron prendados al ver lo que para mí era una deslumbrante joya, perfecta para mi hermana mayor, Maureen. Y era barata, por lo que encajaba perfectamente dentro de mi escaso presupuesto. Estaba tan emocionado por su regalo que me lo llevé a casa y de inmediato, lo envolví y lo puse debajo del árbol de Navidad del salón.

Nunca olvidaré la expresión en el rostro de Maureen cuando abrió su regalo el día de Navidad. "¿Qué es esto?" preguntó, con un tono confuso y decepcionado. Aquel regalo tan bien pensado, aquella inestimable joya, resultó ser un barato llavero plateado, bastante inservible para mi hermana, ya que aún no era lo suficientemente mayor como para tener un coche o necesitar un llavero.

Las buenas noticias son que a Dios nunca le faltan ideas en cuanto a los regalos y dones que trae a tu vida. Y la Biblia nos dice que cada uno de esos regalos es bueno. Como dice Santiago 1:17: "Toda buena dádiva y todo don perfecto viene de lo alto, desciende del Padre de las luces, con el cual no hay cambio ni sombra de variación." (LBLA). En otras palabras, no hay llaveros plateados baratos procedentes de Dios.

Nuestro Dios es el Dios de más. Sí, cuando se trata de colmar a la humanidad de regalos, al Dios de los trescientos mil trillones de estrellas nunca le han faltado ideas, y su propósito para ti es bueno, perfecto y lleno de vida abundante. 1 Pedro 4:10 habla de la "multiforme gracia de Dios" (LBLA) que otorga dones a sus hijos. *Multiforme* literalmente significa "muchos pliegues" o "muchos tonos y colores", así que ¡estamos hablando de un caleidoscopio de regalos y dones con múltiples colores y facetas! Y todos y cada uno de ellos están en consonancia con la voluntad de Dios y te han sido asignados específicamente para su propósito.

Cuando piensas en tu vida, ¿qué dones son los que te vienen a la mente? ¿Crees siquiera que tienes dones? ¿Crees que Dios te ha dotado de dones celestiales, perfectamente seleccionados, irremplazables y únicos? Permíteme asegurarte que así es.

Probablemente haya algunos que parezcan dones obvios: los dones ministeriales y los espirituales, tales como el apostolado, el evangelismo, la sanidad y la profecía (lee Efesios 4:7–16, Romanos 12:3–8). Los dones naturales infundidos por Dios tales como el canto, el baile, la escritura y la comunicación también pueden ser fáciles de identificar. Pero más allá de los obvios, la vida en sí es un don y un regalo, respirar es un regalo, los amigos son un regalo, la familia es un regalo. ¿Ves a las personas que hay en tu vida como regalos? ¿Sabías que Dios ha puesto personas y talentos en tu vida que están directamente relacionados con los planes y propósitos que

Él tiene para ti? Quizás no te sientes capaz de identificar tus propios dones. Tal vez estés poniéndole freno a algunos de tus talentos porque simplemente tienes miedo a cómo será el futuro. O a lo mejor alguien ha hablado mal de ti y le ha restado importancia a los dones que había en tu mano.

Como pastor, considero que poder administrar los dones que hay en las personas es una gran responsabilidad y un honor. Así que, déjame que te pastoree por un momento …

Tú *estás* dotado.

Tú *tienes* talento.

Tus dones son *buenos* y *perfectos* y provienen del mismo Dios que conoce las estrellas y las llama por su nombre.

Tus dones y talentos están perfectamente preparados para llevarte a cumplir los planes y propósitos de Dios para tu vida.

Una Convicción Inquebrantable

Incredulidad, escepticismo y falsa creencia: cada una diferente. ¿Qué crees acerca de los planes y propósitos que Dios tiene para tu vida? Me atrevería a decir que todos y cada uno de nosotros hemos cuestionado alguna vez si Dios realmente tiene buenos planes y propósitos para nosotros.

La definición de incredulidad es "ausencia de fe". Así de claro. Es la falta de fe en algo o en alguien.

Mi oración es que dejes de luchar con la incredulidad y que aunque tu fe flaquee a veces, al final del día no te falte fe ni convicción para conocer y entender que el Dios del universo te ama, te valora, te cuida y quiere lo mejor para ti. Oro para que incluso en los momentos más difíciles, escojas creer en vez de mantenerte incrédulo y que tu fe en el

Padre de las luces sea inquebrantable, constante y confiable, así como lo es su amor por ti.

El evangelio de Marcos nos cuenta la historia de un hombre que llevó a su hijo ante Jesús durante una de sus reuniones públicas cerca del Monte de la Transfiguración. La gente se empujaba intentando hablar con Jesús. Justamente estaban charlando sobre su ministerio cuando el hombre dio un paso al frente y dijo: "—Maestro, traje a ti mi hijo, que tiene un espíritu mudo, el cual, dondequiera que lo toma, lo sacude; echa espumarajos, cruje los dientes y se va secando. Dije a tus discípulos que lo echaran fuera, pero no pudieron." (9:17–18).

Aquí está el cambio que tuvo lugar a continuación:

Jesús preguntó al padre:

—¿Cuánto tiempo hace que le sucede esto?

Él dijo: —Desde niño. Y muchas veces lo arroja al fuego o al agua, para matarlo; pero si puedes hacer algo, ten misericordia de nosotros y ayúdanos.

Jesús le dijo: —Si puedes creer, al que cree todo le es posible.

Inmediatamente el padre del muchacho clamó y dijo:

—Creo; ayuda mi incredulidad. (Versículos 21–24)

¿Sabías que este hombre no era incrédulo a nuestra manera de entender ese concepto? No carecía completamente de toda fe, pero ciertamente sufría de escepticismo. El escepticismo es *querer* creer algo, pero tener dificultades para hacerlo. Quizás es mejor describirlo como duda. Todos hemos batallado con el escepticismo al menos un par de veces.

A principios del año 1991, estaba dando un paseo por la calle principal del centro de Sídney, George Street, echando un vistazo a las tiendas y disfrutando de un día de descanso junto a un invitado nuestro de Sudáfrica, que había venido a la ciudad para ministrar a nuestra floreciente, pero aún no muy grande congregación. En un momento de silencio en nuestra conversación, de repente se detuvo, se giró y me dijo: "Brian, algún día tendrás una iglesia de diez mil personas en esta ciudad. Solo espera y verás". Y luego siguió caminando.

Dudé de sus palabras. Todo mi ser quería creer que lo que él decía era verdad, pero no podía comprenderlo. ¿Diez mil? ¿De dónde vendrían? Estamos hablando de Australia, aquí nadie quiere ir a la iglesia. ¿Dónde íbamos a meterlos a todos? (Los problemas prácticos primero). He sido un soñador toda mi vida, así que sabía que sus palabras proféticas sobre mí no eran del todo una locura. Lo que tenía no era incredulidad, sino escepticismo.

El escepticismo puede impedirnos y mantenernos alejados de una vida plena. Puede limitar el potencial en nosotros al apagar aquello que Dios ha preparado para nuestro futuro. Puede alejarnos de ese más que Dios tiene para nuestras vidas.

David Brooks, periodista y comentarista político estadounidense, dijo una vez que: "La mayoría de personas exitosas comienzan convencidas de dos cosas: El futuro puede ser mejor que el presente y yo tengo el poder de hacer que así sea."[4] Bueno, el tiempo ha demostrado que diez mil era una gran subestimación. Veinticinco años después, y por la gracia de Dios, ¡sobrepasamos esa cantidad casi por cuatro!

Tengo tres hijos muy artísticos, con un ojo natural para la creatividad, el diseño y las artes gráficas. Está claro que han heredado ese talento de su madre, porque a diferencia del resto de mi familia, un servidor es totalmente nulo con un lápiz o un pincel en la mano. Admiro tales dones

---

4   David Brooks, "Lost in the Crowd," New York Times, 15 de Diciembre 2008, www.nytimes. com/2008/12/16/opinion/16brooks.html *Traducción libre.*

en otras personas, pero durante años, infravaloré el valor de los dones que Dios me había dado.

Tardé mucho tiempo en darme cuenta de que mi don de liderazgo no es algo que todo el mundo tenga. Estaba operando en mis dones y tenía éxito, pero como me salía de forma tan natural, parecía que fuera normal. Soy de esas personas que están continuamente buscando soluciones y tratando de ver por dónde avanzar. Es por eso que cuando las iglesias que plantaba, comenzaban a florecer, ¡no me daba ni cuenta de que ese era mi don! Pero, en realidad, tenía el don de liderazgo. Y fue en ese momento cuando comprendí que no todos tenían la capacidad de ver las cosas que yo veía y que, aunque algunas decisiones eran obvias para mí, no siempre serían obvias para todos los demás. *Cualquiera puede hacerlo,* acostumbraba a pensar. Pero aprendí que cuando se trataba de liderazgo intuitivo, no todo el mundo puede.

Es propio del ser humano menospreciar nuestros propios dones mientras sobreestimamos nuestra necesidad de poseer las habilidades que nos faltan y que otros tienen.

Tenía veintitantos años cuando reconocí mi don de liderazgo y me comprometí a maximizarlo, y comencé a plantar iglesias que no solo siguen existiendo hoy en día, sino que lo hacen de manera fuerte, firme y con influencia en muchas personas. Caminaba tanto en mis dones como en la gracia de Dios.

Lo que crees acerca de quién es Dios y de lo que Él ha preparado para tu futuro es lo que lo cambia todo y te lleva a alcanzar la vida "abundantemente por encima" que deseas. Dios no te otorga un don de una manera para utilizarte de otra. ¡Dios no es bipolar! Así que, ¿puedo animarte? Mide con atención tu escepticismo y confiesa constantemente las promesas de Dios sobre tu vida. No creas simplemente en el poder de tus sueños; habla vida y valentía sobre las posibilidades que hay ante ti.

Pero ahora bien, la *falsa* creencia es otra historia completamente diferente. La falsa creencia es creer algo que simplemente no es cierto. Cuando hablamos de Santiago 1:17, de Dios y los dones, hay *muchas* creencias falsas y erróneas por ahí fuera.

¿No es bueno? Entonces, ¡no es un don!

Hay muchas cosas que no sé, pero hay algo que sí sé: La tentación, la enfermedad, el dolor y la pobreza *no* son dones ni regalos de Dios. Durante demasiado tiempo, algunos han intentado atribuirle algunas de estas terribles circunstancias a Dios. Pero no nos dejemos engañar jamás en cuanto a lo que proviene de Él y lo que no.

El mundo está lleno de cosas rotas. Cosas horribles. Cosas dolorosas. Muchas veces nos sentimos decepcionados por la hipocresía que hay en nuestros propios hogares o en nuestros corazones. Juzgamos erróneamente y llegamos a conclusiones equivocadas. Nos arrodillamos junto a nuestra cama, con el corazón entregado a Dios, y aún así, como Tomás, el dudoso, (lee Juan 20:24–29), exigimos pruebas que demuestren que Dios no hizo que aquello tan malo sucediera.

Pero créeme, amigo mío, lo que hace que un don sea bueno es que la naturaleza y el carácter de Dios mismo es bueno. Además, el apóstol Santiago nos dice que Él no cambia. Si estás atascado en un lugar donde parece que nada es bueno, entonces, recuérdate a ti mismo que no hay sombra de variación en Dios. Sus planes y propósitos, y sus abundantes promesas para tu vida (sus dones y regalos) son *siempre* buenos.

Todos Cometemos Errores

La Palabra de nuestro inmutable Señor dice: "porque en él fueron creadas todas las cosas, las que hay en los cielos y las que hay en la tierra, visibles e invisibles; sean tronos, sean dominios, sean principados, sean potestades; todo fue creado por medio de él y para él" (Colosenses 1:16).

Has sido creado por Dios y para Dios. Cuando Él pone dones en tu vida, también te da la gracia para administrarlos bien. Y cuando lo haces, ¡Él se lleva la gloria! Pero hay tres grandes errores que la gente comete con sus dones.

La verdad es que los regalos son atractivos. Tanto si los envolvemos con papel y lazo perfectamente combinados como si simplemente los entregamos con una sonrisa, los regalos atraen. No es de extrañar, entonces, que las buenas dádivas y los dones perfectos que hay en tu vida también parezcan atractivos. Así que, el primer error está en poner nuestra atención en el don en vez de en el Dador del don. En otras palabras, es fácil hacer que nuestros dones giren en torno a nosotros. Por eso, recuerda siempre para quién y para qué son tus dones.

Fuimos creados para adorar a Dios, creados para estar en relación íntima con Él y mostrar su evidente gloria obrando en y a través de nuestras vidas. Nunca te enamores demasiado de los elogios de la gente. Resiste la tentación de sentirte más importante de lo que eres y no pongas demasiado énfasis en tu habilidad o talento. Más bien al contrario, reconoce de dónde proviene tu don y recuerda por qué Dios te lo ha otorgado en primer lugar.

Asimismo, tampoco te dejes influenciar demasiado por la crítica. Personalmente, he experimentado algunas críticas bastante dolorosas en mi vida, muchas sin fundamento alguno, algunas que acabaron siendo valiosas lecciones, y otras que decían más sobre el crítico que sobre mí. En nuestro constante aprendizaje por el camino de la vida, no podemos permitir que las críticas alteren nuestras convicciones acerca de lo que sabemos que es verdad y lo que hemos escuchado de Dios. Mantente firme e inamovible en tus convicciones sobre los dones y talentos que Dios ha puesto en tu vida y los propósitos por los cuales Él te ha llamado.

Otro error común que la gente comete con sus dones es compararlos con los de los demás. La comparación te roba el gozo. ¡No lo hagas! Lo que Dios ha puesto en tu vida es único y especial, y lo que Él ha colocado en la vida de los demás es único y especial. Cada uno viene con su propio paquete de bendiciones y desafíos, que jamás podrás experimentar a no ser que te pusieras en la piel de otra persona. Es mentira pensar que a Dios se le pueden agotar los dones o que como ya le ha dado a otra persona cierto don que deseabas, ya no puede hacer lo mismo por ti. Recuerda: ¡Trescientos mil trillones de estrellas! Nuestro Dios es infinitamente creativo e ilimitado en su generosidad. Sus manos nunca están vacías.

El último error es permitir que tus dones determinen tu valor. Lo que haces no es lo que eres. Tu valor está en quién eres y de quién eres. No has recibido dones porque te los hayas ganado (eso son recompensas). Se te han otorgado dones porque eres un hijo/a amado, valorado y elegido del Dios Altísimo.

No Seas el Último en Verlo

¿Qué pasa con nosotros, los hombres? Creo que he hecho el ridículo trescientos mil trillones de veces diciéndole a Bobbie obstinadamente que algo no está donde ella dice que sí que está, en la despensa o en la nevera. Después de insistir varias veces en que sí que está ahí, ¡al final

Bobbie viene y lo encuentra en el lugar exacto que había dicho, ¡ese lugar que llevo mirando desesperadamente desde hace rato!

Con los dones, puede pasar algo así. A veces, la persona que más tarda en ver su don eres tú mismo. La ceguera por inseguridad o tal vez la decepción por el pasado o el temor al futuro pueden nublar tu visión. Pero no subestimes lo bien que Dios te ha preparado para vivir la vida que estás llamado a vivir.

Imagina que alguien a quien quieres mucho se pasara semanas buscando el regalo perfecto para ti, investigando lo que más te gusta, esforzándose en la búsqueda, dedicando tiempo y dinero, y dándolo todo para hacerte feliz, para que luego tú ignorases su regalo, te negaras a mirarlo, decidieras no abrirlo o no le dieras valor alguno.

Verás, el Dios del sol, la luna y las estrellas quiere entregarte dones buenos y perfectos. Él no solo sabe exactamente lo que necesitas, sino que al mismo tiempo, está madurando tus dones y abriendo puertas de oportunidad que encajan perfectamente con esos dones. Recíbelos. No les restes importancia ni escondas o des un mal uso a los regalos y dones que hay sobre tu vida porque tienen un propósito no solo aquí en la tierra, sino también para la eternidad.

Hace casi cuarenta años, nuestro hijo primogénito, Joel Timothy Houston, llegó a nuestro mundo y ya nunca más volvimos a ser los mismos. Cuando la enfermera tomó a nuestro rojo bebé y lo colocó sobre la báscula, sus compañeros pegaron un grito de incredulidad. Nos confirmaron que pesaba más 4,5 kilos y que era extraordinariamente alto: ¡60 centímetros! Obviamente, todos esos atributos eran mensurables. Lo que no sabíamos es que en esa habitación del hospital también estaban los dones y talentos inmensurables y el potencial que solo su Padre celestial podía ver. Como recién nacido, sus dones y talentos estaban claramente latentes y ninguno de nosotros en la habitación podíamos ver el potencial dentro de él. Los dones no añadieron nada a su peso físico, pero su peso y valor hoy en día dan testimonio a millones por todo el mundo. Y como su padre, estoy convencido de que lo mejor aún está por llegar.

Todos tenemos dentro de nosotros dones que puede que aún estén latentes, irreconocibles tanto para nosotros como para los demás, pero que están ahí. ¿Cómo salen a la luz estos dones? El punto de partida es simplemente creer que, de verdad, estás dotado de talentos únicos, cuidadosamente conectados a tu ADN desde el momento en que fuiste concebido en la mente de Dios. Y estos dones son los instrumentos hechos a mano de manera perfecta para ese "más" que Dios tiene reservado para ti.

No tienes que ser listo. No tienes que ser guapo. No tienes que tener todas las respuestas o la capacidad de ser el que habla. No tienes que ser elocuente y tus circunstancias no tienen que ser perfectas. Simplemente tienes que creer. Siempre hallarás más potencial, más avance y más propósito cuando crees que no solo has sido dotado de talentos, sino también agraciado.

Y no te olvides de mirar hacia arriba. Piénsatelo dos veces antes de cerrar las cortinas. Contempla el cielo, la obra maestra del Creador. Él te ama más de lo que jamás podrías imaginar. Oro para que cada vez que de noche mires hacia el cielo, recuerdes que los dones de Dios no tienen límite y que sus pensamientos hacia ti superan en número a las estrellas.

5

Llamado
y Confesión

Lemony Snicket, el seudónimo del novelista estadounidense Daniel Handler, realmente tuvo la habilidad de pintar una imagen desesperada de cómo es la vida cuando nos resignamos al destino. Una vez dijo: "El destino es como un restaurante extraño y poco popular, lleno de camareros raros que te traen cosas que nunca pediste y que no siempre te gustan."5

Para los que creen que las cosas son así y punto, la vida es simplemente una serie de acontecimientos que *nos* suceden. No hay forma de evitarlo: Si vivimos lo suficiente, todos acabaremos experimentando aflicciones y decepciones, angustia y dolor. Pero, a diferencia de la imagen de Lemony Snicket, la manera en la que pintas tu vida y las palabras que hablas sobre tu futuro, a pesar de las montañas que tengas que escalar, no tienen que parecerse al interior de un restaurante sucio y frío, donde te quejas con resignación, suponiendo que el servicio será lento y la comida bastante normal.

---

5 Lemony Snicket and Brett Helquist, *The Slippery Slope,* A Series of Unfortunate Events, Book 10 (New York: HarperCollins, 2003), 21. *Traducción libre.*

El destino es un mundo de inutilidad sin fin. Se rinde antes de que comiences, no ve otro mundo más allá de lo inevitable ni tiene ninguna expectativa de esperanza más allá de lo posible. El destino acepta un informe negativo sin luchar y ondea la bandera blanca de rendición ante el primer obstáculo. El destino habla de derrota sin respeto alguno por la negatividad que trae a tu alma y a los corazones de quienes te rodean. "Estaba escrito. Tenía que ser así" se convierten en frases que pronunciamos demasiado rápido. Pero, ¿hay otra opción mejor?

Sí. ¡La hay! Nosotros, en cambio, podemos vivir seguros en nuestro llamado, confiados en el Dios que nos llamó, bien despiertos con esperanza para el futuro si nos aferramos a nuestra confesión de fe.

El Poder de la Lengua

¿Alguna vez has tenido en tu mano la capacidad de marcar una diferencia entre la vida y la muerte? La respuesta es sí. Proverbios 18:21 nos dice claramente que "la muerte y la vida están en poder de la lengua".

Como pasaba con la cita de Lemony Snicket, las palabras pueden pintar una imagen, quizá una de desesperación o una de esperanza. Las palabras pueden traer vida y solución a una situación, o pueden traer miedo y dolor.

La manera de ver la vida de muchos niños está marcada por las duras palabras lanzadas por un padre irresponsable, y sus opiniones y creencias, moldeadas por las palabras descuidadas de un maestro frustrado. Muchos matrimonios terminan a causa de las palabras afiladas de un cónyuge herido con una lengua sin control.

La Biblia nos exhorta una y otra vez a tener cuidado con nuestras palabras.

Por ejemplo:

Las palabras amables sanan y ayudan;
   las palabras cortantes hieren y mutilan.
   (Proverbios 15:4, MSG)

Pero yo os digo que en el día del juicio todos tendrán que dar
cuenta de toda palabra ociosa que hayan pronunciado. Porque por
tus palabras se te absolverá, y por tus palabras se te condenará.
(Mateo 12:36–37, NVI)

¿Qué dicen tus palabras sobre ti? ¿Está tu confesión (aquello que sale de tu boca, las reflexiones de tu corazón y los pensamientos que regularmente rondan tu mente) alineada con tu llamado? Así como Dios no nos da *dones* y luego se olvida de darnos la *gracia* necesaria, Él tampoco nos *llama* sin primero *equiparnos*.

La Fe Tiene un Sonido

¿Te has preguntado alguna vez cómo suena la fe? La Biblia nos dice que puedes *oír* la fe. Gálatas 3:5 dice: "Aquel, pues, que os da el Espíritu y hace maravillas entre vosotros, ¿lo hace por las obras de la Ley o por el oír con fe?"

Dios escucha aquello por lo que estamos creyendo. Tal vez anhelas algo nuevo: Un nuevo comienzo o una respuesta a tu oración. Quizás deseas desesperadamente ser sanado o que un ser querido encuentre paz. A lo mejor esperas que Dios provea en tu siguiente etapa. La fe debe ser hablada. Debe ser escuchada, porque cuando se oye, tiene poder.

Hace muchos años, antes de que tuviéramos locales propios para albergar a nuestra congregación, tuvimos que cambiarnos de local porque sabíamos que la nave industrial donde estábamos se estaba quedando pequeña para nuestra creciente iglesia. Fue durante esa época cuando un adolescente de nuestro grupo de jóvenes comenzó a hablarme sobre los edificios viejos del ayuntamiento que hacía poco habían cerrado. Los habían vendido a una gran multinacional que planeaba construir un centro comercial, pero los permisos y las obras aún no habían comenzado. Este joven tenía una visión en su corazón y una ardiente mezcla de fe y energía, así que, aunque tuvo que enfrentarse a mi escepticismo, decidió por sí mismo ponerse en contacto con la gran empresa para explicarles acerca de nuestra creciente iglesia y compartirles todas las grandes cosas que estábamos haciendo localmente dentro de nuestra comunidad. No te lo creerás, pero la gran multinacional accedió a alquilarle a nuestra iglesia los viejos edificios del ayuntamiento (perfectos para nuestras actividades entre semana y lo suficientemente grandes como para albergar a nuestra escuela bíblica, nuestro ministerio de jóvenes y las oficinas) con un contrato mensual y ¡una sola cuota de un dólar al año! A menudo bromeo con que Bobbie y yo oramos al respecto y al final, decidimos pagar todo el alquiler nosotros mismos.

Al principio, los propietarios decían que solo nos lo alquilarían por poco tiempo, tal vez de tres a seis meses. Sin embargo, utilizamos aquellos edificios durante casi *siete* años, el tiempo suficiente para poder ahorrar y comprar nuestro primer terreno en una muy buena ubicación. Pero atención al final: Cuando finalmente recibimos la notificación de que teníamos que desalojar los edificios para poder demolerlos (seis fructíferos años y medio después), justo esa misma semana recibimos las llaves de nuestro propio local. ¡Fue un milagro! Y todo empezó con la confesión de un joven de menos de veinte años y su disposición a hablar y expresar su fe en voz alta.

La fe es un lenguaje diferente. Ve a través de los obstáculos y por encima de las montañas. Cree lo mejor y espera sin cansarse ni vacilar. ¿Qué oye la gente cuando abres la boca? ¿Oyen fe? ¿Pueden ver aquello por lo que estás creyendo?

Un Santo Representante

A Jesús se le llama el "Sumo sacerdote de nuestra profesión" en Hebreos 3:1. Permíteme explicarte esta imagen. En la era del Antiguo Testamento, el Sumo Sacerdote estaba entre el pueblo y Dios. Él era el que ofrecía sacrificios en nombre del pueblo para que éste pudiera ser considerado aceptable ante Dios. Ahora bien, bajo el Nuevo Pacto, Jesús mismo es nuestro representante, defendiéndonos ante Dios el Padre a través de su constante intercesión. A diferencia de la antigua era, ya no tenemos que traer sacrificios todos los días para ser aceptados y restaurados, sino que Jesús mismo fue ofrecido como el sacrificio perfecto y sin mancha.

Así que, si Jesús es nuestro representante y lo que decimos le representa, entonces, ¡debemos tener cuidado con lo que decimos! ¿Se alinea tu confesión con la Palabra de Dios?

Nuestra confesión debería ser una afirmación de la verdad y una declaración de la Palabra de Dios y su voluntad. Nuestra naturaleza humana se rige por lo que ve y, si somos honestos, lo que vemos no siempre es digno de nuestra confesión. Sin embargo, a pesar de nuestros sentimientos y circunstancias, debemos siempre alinearnos con la Palabra de Dios y declarar que es verdad.

Esto no significa que neguemos la realidad o hagamos afirmaciones falsas. Más bien, se trata de permanecer en fe, reconociendo que nuestras circunstancias son solo temporales y que nuestro Dios, que no cambia, nos ha dado promesas eternas.

Hebreos 13:15 en la versión The Message dice así: "Ocupemos nuestro lugar allá afuera junto a Jesús, sin tener que volver a derramar la sangre animal de los sacrificios, sino más bien, derramando un sacrificio de alabanza de nuestros labios hacia Dios en el nombre de Jesús". El sacrificio del Antiguo Testamento era un cordero sin mancha; el sacrificio del Nuevo Testamento son palabras sin mancha. Confesar el nombre de Jesús como Señor es el único sacrificio necesario para entrar en el Reino de Dios.

Deja que eso penetre bien en ti al pensar en cómo hablas a tus amigos y a tus enemigos, a tus compañeros de trabajo y a tus hijos, a tu futuro y a tu llamado. No permitas que la condenación te robe tu confesión. Dios no solo es el Sumo Sacerdote de nuestra confesión, sino también nuestro Padre lleno de gracia, nuestro precioso Salvador y nuestro Dios misericordioso. Mantente firme en las promesas que Él ha hecho y ten fe en que el Hijo del hombre está continuamente intercediendo por ti.

Habla Tu Fe

Jamás olvidaré los rostros tristes y avergonzados de unos cuantos compañeros míos del instituto bíblico Christian Life de Wellington, Nueva Zelanda, a principios de los años setenta. Estaban en el porche de nuestra residencia estudiantil, mirando a la carretera mientras se preguntaban por qué aún no había rastro del nuevo coche que teóricamente tenía que llegar ese mismo día para llevarlos a 650 kilómetros de

Wellington, a Auckland de viaje ministerial de fin de semana. Verás, resulta que uno de los estudiantes llevaba semanas diciendo que cierto día y a cierta hora, Dios proveería, por fe, un coche completamente nuevo. Bueno, ese día había llegado, pero no había ni rastro del coche. No hace falta decir que el viaje jamás se llevó a cabo. ¿Fue fe o arrogancia?

La empleada de una aerolínea que trabajaba detrás de uno de los mostradores de facturación del bullicioso aeropuerto de Sídney me explicó una situación similar. Después de haberme reconocido como el pastor de Hillsong, se lanzó a contarme la reciente historia de un grupo de estudiantes de otra iglesia y denominación que había llegado al aeropuerto, llenos de maletas y listos para irse de viaje misionero durante unos días. Sin embargo, al pedirles que mostraran sus billetes, ninguno había podido presentar nada, aunque con confianza declaraban que iban a conseguir sus billetes "por fe". ¿Volaron ese día? Lamentablemente no. Y además, los echaron del aeropuerto por ser una molestia para el personal de la aerolínea durante aquella ocupada mañana.

Tristemente, con los años, la maravillosa verdad de hablar "palabras de vida" sobre situaciones ha sido mal utilizada por algunos que han mezclado la arrogancia y la codicia dentro de la verdad bíblica. Han creado una mezcla peligrosa de desequilibrio y engaño, que a su vez ha dado a luz a una reacción igualmente peligrosa, pero opuesta, por parte de aquellos que rechazan el concepto de la fe. Esto ha dado pie a que estas personas acaben creyendo que esta fe tan "estúpida" se trata solo de "soltar tu lengua y recibirlo" o "nombrarlo y luego, reclamarlo". Estoy seguro de que este tipo de desequilibrio y distorsión de la verdad es una de las estrategias favoritas del enemigo para alejar a la gente de la poderosa verdad, y a la vez, un claro caso de lo que es perder de vista lo esencial.

¿Qué es lo que distingue a una confesión de fe de palabras vacías de presunción? La diferencia es una delgada línea. Tiene mucho que ver con nuestras intenciones, con el estar alineados con la Palabra de Dios y con la buena sabiduría divina de toda la vida (lee Proverbios 24:3).

Durante los primeros años de la Iglesia Hillsong, uno de nuestros voluntarios clave me llamó para pedir oración, ya que había tenido un accidente en el trabajo y tenía la retina de su ojo dañada, cosa que le causaba mucho dolor. Le dije que pasara a verme y, junto con otro de nuestros pastores, le impuse las manos, creí por sanidad y oré.

Mientras orábamos en voz alta, comenzó a gritar: "¡He sido sanado!"

Con voz temblorosa, y el dudoso Tomás que hay en mí salió a la luz, le pregunté: "¿Estás seguro?"

Para gran sorpresa mía, comenzó a quitarse el vendaje que el médico le acababa de colocar sobre su ojo para evitar que la luz entrara. Al final, resultó que su confesión de sanidad era absolutamente real, un verdadero milagro, pero aún así, le insistí en que regresara al médico para confirmar que ya no necesitaba los vendajes. Simplemente lo vi como algo de sentido común, aunque Salomón lo llamó "discreción" en Proverbios 2:10–11:

> Cuando la sabiduría penetre en tu corazón
> y el conocimiento sea grato a tu alma,
> la discreción te guardará
> y te preservará la inteligencia.

¿La discreción te guardará? Sí. La *discreción* se puede definir como sentido común, y *guardar* simplemente significa que te mantendrá en el camino. Pero la sabiduría genuina, la discreción y el discernimiento no hablan palabras de derrota, solo palabras de vida y, no lanzan desesperanza a la ligera, solo esperanza.

El Poder de la Alabanza

Nunca subestimes el poder que tus palabras tienen para traer cambio, para ver cadenas rotas y milagros que cobran vida. La alabanza y la acción de gracias a Dios son cruciales para levantar nuestros ojos por encima de las circunstancias que enfrentamos y colocarlos firmemente en la Palabra de fe, que es Jesús.

¿Cambiarías cómo vives y cómo hablas si te dijesen que cada una de tus palabras y pensamientos va a ser examinado primero por Dios? David le pidió a Dios que aceptara sus palabras y reflexiones como si fueran ofrendas traídas al altar:

¡Sean gratos los dichos de mi boca
y la meditación de mi corazón delante de ti,
Jehová, roca mía y redentor mío! (Salmos 19:14)

¿Subirías rápidamente el volumen de tu música de adoración y bajarías el de ese programa de televisión?

¿Frenarías ese enfado hacia tus hijos o tu cónyuge y empezarías a elegir cuidadosamente tus palabras, sabiendo que lo que dices tiene mucho peso?

Quizá estás enfermo y desde hace años, padeces dolores y trastornos. ¿Está tu confesión, sin ignorar la realidad, apuntando hacia las promesas de Dios de que un día todos seremos sanos y completos? ¿Tienes fe para creer que el mismo Dios que sanó al ciego Bartimeo, tirado en el camino de tierra con poco más que su fe, todavía quiere sanarte? Marcos 10 relata la historia de este hombre que clamó, incluso entre burlas, creyendo que Jesús de Nazaret podría sanarlo.

Cuando Jesús se dio cuenta de él, le preguntó: —¿Qué quieres que te haga?

El ciego le dijo: —Maestro, que recobre la vista.

Jesús le dijo: —Vete, tu *fe* te ha salvado.

Al instante recobró la vista, y seguía a Jesús por el camino. (lee los versículos 51–52).

Su *fe* lo restauró por completo. Su confesión y sus gritos llamaron la atención del corazón del Salvador e hicieron que se acercara hacia él.

¿Sabías que Jesús aún hoy camina por las calles polvorientas de nuestras vidas? ¿Sabías que espera ser llamado, que espera nuestra confesión de fe y la proclamación de milagros para poder acercarse, inclinarse y traer sanidad, ayuda y solución?

Hay un motivo por el cual nuestra iglesia comienza cada reunión con alabanza y acción de gracias. Una vez escuché a alguien decir que las canciones de alabanza rápidas al principio de una reunión eran como los aperitivos que se sirven antes de las comidas. Pero hay más que eso. Las canciones de alabanza con las que comenzamos cada reunión son más que una oportunidad para que los que llegan tarde vayan entrando. La alabanza es siempre el punto de entrada y, a menudo precede al milagro:

Entrad por sus puertas con acción de gracias;
venid a sus atrios con himnos de alabanza. (Salmos 100:4, NVI)

Más allá de alabar porque, por tradición, es lo correcto, cantar y hablar la Palabra de Dios realmente puede traer un cambio en el ambiente de cualquier reunión de iglesia. La adoración trae a la reunión esa sensación tangible de gozo, paz, poder y asombro mientras confesamos con nuestros labios la grandeza de Dios. La adoración también llena el espíritu humano de lo que dice la Palabra de Dios, y es por eso que somos tan cuidadosos al aprobar las letras de nuestras canciones. Sabemos que las canciones pueden determinar nuestra teología y que la teología construye la fe.

Confiesa el nombre de Jesús. La Biblia nos dice que nuestra confesión de Jesús como Señor resucitado es lo que nos posiciona en una relación correcta con Dios y cambia nuestro lugar, dejando de ser extraños para convertirnos en aliados cercanos. Jesús es el inicio y el centro de nuestra confesión de fe y también su culminación. La Biblia dice que cuando alineamos nuestra voluntad y decisiones con las suyas (es decir, cuando alineamos nuestra voluntad con su Palabra y su promesa), todo lo que pedimos, en Jesús, es hecho. Como dice Proverbios:

Pon a Dios al frente de tus obras,
entonces, lo que habías planeado sucederá.
(Proverbios 16:3, MSG)

Si tu alma está desesperada o tus circunstancias parecen imposibles, levanta tus manos, clama a Dios, atrae su presencia, canta tu fe, ofrece un sacrificio de alabanza y observa cómo la Palabra de Dios y el poder de tu confesión cambian tu futuro.

Creando Cosas Nuevas

Las palabras no son sólo para comunicación, también son para creación. Antes de que Adán y Eva cayeran en pecado, conocían a Dios solo como Elohim: el Dios que crea. Antes de que necesitaran a Jehová-Jireh (Proveedor) o a Jehová-Rapha (Sanador), estaban en comunión con el Dios Creador.

Fíjate bien, el Señor creó el mundo con sus palabras. Él dijo: "Sea la luz" (Génesis 1:3). Y se hizo la luz.

Nuestras palabras *aún* tienen poder creativo. Pueden traer vida a situaciones muertas y crear esperanza donde no hay ninguna. *Tú* puedes hablar vida sobre tu matrimonio, cónyuge y pareja. Puedes hablar esperanza, destino y propósito sobre los pequeños cuerpos de tus hijos, ayudándoles a establecer convicciones en torno a las palabras que elijas. Puedes hablar vida sobre tu salud y tus finanzas. Es tan fácil como agradecerle a Dios por lo que ya tienes y confiar en Él con tus palabras por aquello que no tienes. Recuerda pasajes que se relacionen con tus circunstancias y confiésalos sobre tu vida. Por ejemplo, podrías repetir Filipenses 4:19: "Mi Dios, pues, suplirá *todo* lo que os falta conforme a sus riquezas en gloria en Cristo Jesús".

Tal vez sea importante explicar a qué *no* me refiero. No hablo de tomar a Dios como rehén mientras le dices: "Gracias, Señor, por un millón de dólares" y esperas a que Él agregue varios ceros adicionales al saldo de tu cuenta bancaria. Pero sí puedes hablar y confesar la Palabra de Dios sobre el mundo que te rodea y ver cómo ésta trae cambios milagrosos y abre puertas de situaciones aparentemente sin esperanza.

Recuerda esto: Cuando Dios te pide que hagas algo, Él te capacita para llevarlo a cabo.

Dios *dijo*: "Sea la luz" (Génesis 1:3).

Noé *predicó* salvación y la *recibió* (lee Hebreos 11:7).

Moisés *decretó* las plagas (lee Éxodo 7-11).

Elías, con sus *palabras*, trajo sequía (lee 1 Reyes 17:1).

Josué *ordenó* que el sol y la luna se detuvieran (lee Josué 10:12).

Sadrac, Mesac y Abed-nego *confesaron* la Palabra (lee Daniel 3:17).

Jesús *anunció* su resurrección (lee Mateo 16:21).

Y la lista sigue. ¿Por qué estás creyendo? ¿Cuál es ese "más" en tu llamado que te mueve a hacer una confesión de fe? Habla, proclama, ordena y pide la bendición que se te ha prometido. Alza los ojos y levanta tu confesión. Y observa cómo nuestro Sumo Sacerdote levanta tu ánimo y hace que dentro de ti crezca la esperanza y la fe de que Él hará abundantemente por encima de todo lo que jamás podrías pedir o imaginar.

La Confesión de Fe Definitiva

Jesús sabía bien quién era y para qué había sido llamado. Él habló sobre su llamado con una proclamación de fe:

«El Espíritu del Señor está sobre mí,

por cuanto me ha ungido para dar buenas nuevas a los pobres;

me ha enviado a sanar a los quebrantados de corazón,

a pregonar libertad a los cautivos

y vista a los ciegos,

a poner en libertad a los oprimidos

y a predicar el año agradable del Señor.» (Lucas 4:18–19)

Jesús sabía que el Espíritu del Señor estaba sobre Él, y lo estaba para llevar a cabo aquello a lo que había sido llamado. Se trataba de una confesión de su llamado. Él confesó su llamado, a la vez que su llamado confesaba: "para *predicar* el evangelio, para *proclamar* libertad …"

¿A qué estás llamado? ¿Qué ha puesto el Señor en tu espíritu y en tu corazón que es únicamente tuyo? Quizás sea algo a lo que te resistes o algo que ni siquiera habías pedido. ¿Puedo animarte? Confiesa tu fe. Profesa tu llamado. Mantente firme en la Palabra de Dios y declárala sobre tu vida con valentía y convicción. El Espíritu del Señor está sobre ti también.

Con la Palabra de Dios en tu corazón y su nombre en tus labios, no hay obstáculo, ni montaña, decepción o resignación al destino que pueda venir en contra de tu confesión de fe. Y recuerda que tu llamado, al igual que el mío, es para confesión. Estamos llamados a ser aquellos que proclaman la Palabra, predicadores de la verdad y confesores del evangelio con nuestras palabras y nuestras vidas.

6

Designación
y Decepción

Probablemente la habrás visto en persona o, al menos, en fotos. Se sienta en un prominente punto rocoso llamado Bennelong y, junto con el Harbour Bridge, es el marco perfecto de entrada al centro de Sydney. Es la gran dama del puerto más impresionante del mundo. Se llama la Ópera de Sídney, pero su historia es incluso más escabrosa que la pequeña península sobre la que está construida.

En 1956, un arquitecto danés poco conocido llamado Jorn Utzon se presentó a un concurso para diseñar un gran edificio en una ciudad extranjera. Su propuesta llegó a las manos de cuatro jueces, que rápidamente la descartaron colocándola junto al resto de propuestas sin éxito. Sin embargo, la llegada de un quinto juez, el famoso arquitecto estadounidense Eero Saarinen, cambió la historia para siempre. Tras echar un ojo a los diseños preseleccionados, Saarinen quiso examinar las propuestas que habían sido descartadas previamente, y allí encontró la ambiciosa e inusual propuesta de Utzon. Su diseño acabó ganando el concurso y hoy en día, es la obra maestra arquitectónica que corona el

Bennelong del puerto de Sídney, considerada como una de las estructuras metropolitanas más emblemáticas del mundo.6

Pensar que este diseño tan increíble y significativo llegó a estar en una pila de propuestas descartadas hace que me pregunte qué otras ideas geniales fueron pasadas por alto. Pero la historia no termina ahí.

La decepción infestó el edificio de la ópera. El arquitecto Jorn Utzon tuvo que enfrentarse a gran cantidad de críticas y experimentó el cinismo australiano en su punto más alto. A causa de la falta de apoyo y fondos, y el desalentador juego político del gato y el ratón, Utzon se limpió el polvo de sus zapatos y abandonó la obra antes de que el interior de su sueño llegara a completarse. Su nombre ni siquiera fue mencionado durante la ceremonia de apertura. Amargamente decepcionante.

Pasaron más de cuarenta años antes de que Utzon recibiera una llamada del recién elegido gobierno de Nueva Gales del Sur solicitándole que su hijo, también arquitecto, y él regresaran a Australia para volver a diseñar parte del interior del famoso edificio. Por fin comenzaba a recibir el reconocimiento por su trabajo que tanto merecía. Hoy en día, su ópera sigue siendo icónica. Como dijo el arquitecto Frank Gehry: "Utzon construyó un edificio muy avanzado para su tiempo, muy por delante de la tecnología disponible, y fue perseverante, a pesar de la propaganda extraordinariamente maliciosa y las críticas negativas, llegando a construir un edificio que cambió la imagen de todo un país."7

De comisión a decepción y de vuelta a comisión. ¿Alguna vez has experimentado algo así?

6 Anthony Burke, "A Danish Architect, an Australian Icon: The History of the Sydney Opera House," ABC, 21 de Octubre, 2013, www.abc.net.au/news/2013-10-21/ anthony-burke-on-sydney-opera-house-history/5034028.

7 Frank Gehry, citado por Eric Ellis, "Utzon Breaks His Silence," *Sydney Morning Herald*, 16 de Septiembre, 2014, www.smh.com.au/good-weekend/gw-classics/utzon-breaks-his-silence -20140904-10c93e.html.

Cita Dada por Dios

Cada mañana, cuando me levanto, sé que si abriera el calendario de mi teléfono, me encontraría con una lista bien organizada de las citas que abren y cierran mi día. Citas pastorales, citas con el personal, citas para desayunar, citas para comer, citas familiares y, por supuesto, las que menos gustan, las citas con el dentista. Mi asistenta, Megan, lleva conmigo veinte años, y me ayuda a mantener mis citas semanales en el orden oportuno para conseguir cumplir con todas mis obligaciones sin suprimir los momentos espontáneos de la vida.

Las citas parecen optimizar la vida. Creo que hasta los más torpes, estructuralmente hablando, necesitamos la predictibilidad que las citas nos otorgan.

¿Sabías que la vida también está llena de citas puestas por Dios? Junto con los sueños que tienes para tu vida, el llamado y la gracia que te han sido otorgados, y los dones que hay dentro de ti, la vida está llena de situaciones y oportunidades específicamente escogidas por Dios y planificadas antes de tu primer aliento para que puedas llevar a cabo los propósitos abundantes a los que has sido destinado. Juan 15:16 lo dice claramente: "Vosotros no me escogisteis a mí, sino que yo os escogí a vosotros, y os designé" (LBLA).

A lo largo de la Biblia, vemos todo tipo de citas y nombramientos. Los sacerdotes eran designados. Los cantantes eran designados. Los reyes eran designados. La tierra se designaba. Los gobernadores eran designados. Grupos enteros de personas eran designados. Y hasta los días fueron designados por Dios. Pero si hay una historia que siempre me viene a la mente cuando pienso en lo que significa ser designado y todo lo que esa comisión conlleva es la de Jeremías.

Jeremías explica más acerca de su propia vida que cualquier otro profeta de la Biblia.

Nos cuenta su llamado al ministerio, la reacción de sus seguidores, sus pruebas y dificultades, y de todo, desde sus luchas internas hasta su discurso público. Jeremías era hijo de un sacerdote de un pequeño pueblo a pocos kilómetros del noreste de Jerusalén. Su ministerio se extendió durante cinco décadas, y fue profeta en Israel durante uno de los períodos más oscuros de su historia.

Pero creo que lo fascinante que hará que te sientas identificado es cómo Dios lo designó y comisionó:

Vino, pues, palabra de Jehová a mí, diciendo:
«Antes que te formara en el vientre, te conocí,
y antes que nacieras, te santifiqué,
te di por profeta a las naciones.»

Yo dije:
«¡Ah, ah, Señor Jehová! ¡Yo no sé hablar, porque soy un
muchacho!»

Me dijo Jehová:
«No digas: "Soy un muchacho",
porque a todo lo que te envíe irás,
y dirás todo lo que te mande.
No temas delante de ellos,
porque contigo estoy para librarte,
dice Jehová.»

Extendió Jehová su mano y tocó mi boca, y me dijo Jehová:

«He puesto mis palabras en tu boca.

Mira que te he puesto en este día

sobre naciones y sobre reinos,

para arrancar y destruir,

para arruinar y derribar,

para edificar y plantar.» (Jeremías 1:4–10)

¿Te suena la respuesta de Jeremías ante la designación de Dios? Creo que, con demasiada frecuencia, aunque anhelamos más, nos sentimos sobrecogidos por ello con facilidad. Tal y como hemos visto en los capítulos anteriores, las bendiciones abundantes de Dios siempre vienen acompañadas de estiramiento y tal vez, de un poco de crecimiento incómodo. Quizás tú también hayas puesto excusas al enfrentarte a tareas desconocidas, difíciles o sobrecogedoras.

Auto-descalificación. Todos hemos pasado por eso. Hemos puesto los ojos en nuestra propia insuficiencia y hemos tratado de convencernos, e incluso dudar, de que aquello que hemos escuchado a Dios hablar sobre nosotros es verdad. No eres el único. ¿Sabías que Moisés hizo lo mismo? Y Gedeón también.

Moisés hizo todo lo posible para escapar de su misión y no tener que hablar con el faraón, diciendo: "—¡No puedo hacerlo! ¡Soy tan torpe para hablar! ¿Por qué debe escucharme el faraón?" (Éxodo 6:30, NTV).

Quizá el nombre de Gedeón no te sea familiar. ¡Ahí está la clave! Gedeón era, en muchos aspectos, un don nadie al que Dios llamó para convertirlo en alguien. Gedeón estaba ocupado en sus propios asuntos, trillando trigo para su padre, cuando el Señor le habló y lo llamó a liderar una arriesgada operación militar contra los enemigos de la nación.

Gedeón protestó con varias excusas, explicando porqué no podía rescatar a Israel, aunque Dios lo había ungido para ello: "—Pero, Señor —respondió Gedeón—, ¿cómo podré yo rescatar a Israel? ¡Mi clan es el más débil de toda la tribu de Manasés, y yo soy el de menor importancia en mi familia!" (Jueces 6:15, NTV).

Los sueños que tienes para tu vida, el llamado y la gracia que hay sobre ti, y los dones que tienes en ti están perfectamente alineados y preparados para llevar a cabo tu comisión. Así como Dios designó a Jeremías como profeta para las naciones, Él te ha designado para una misión única y ha dispuesto citas para ti a lo largo del camino. Nadie puede descalificarte si Dios es el que te ha designado y comisionado.

Pero la vida es impredecible, y seguir el llamado de Dios para nuestras vidas no nos hace inmunes al dolor, ni a los baches del camino, ni a la desilusión. Déjame explicarte algunos de mis momentos de decepción y descontento, momentos en los que mi fe ha sido probada. Y descubrirás conmigo cómo estos problemas momentáneos pueden arruinar nuestro futuro o bien, propulsarnos hacia nuestro destino.

Decepción Inevitable

Lamentablemente, las decepciones son parte de la vida. Todos experimentamos el dolor de la angustia, la desilusión de una ruptura y la realidad de perder toda confianza. La decepción puede inmovilizarnos, ya sea a través de la pérdida de un ser querido o por un cambio repentino e inexplicable que nos arranque del camino que, con certeza, considerábamos como la voluntad de Dios. En mi primer libro, *Vive Ama Lidera*, conté ampliamente cómo una de las mayores decepciones de mi vida no solo destrozó mi realidad, sino que también tuvo grandes consecuencias para mi futuro. Estaría en lo cierto si te digo que a mis sesenta y tres años, he descubierto que cada vez que caminas hacia la comisión de Dios, a este movimiento de sacrificio, con frecuencia, le sigue de cerca una decepción. Estoy convencido de que se trata de una táctica del diablo para impedir el avance del Reino y desalentar a los creyentes.

Pasó durante un sábado, a finales de octubre. Habían pasado siete años desde mi graduación en el instituto bíblico y un año y algo, desde nuestra boda. Bobbie y yo tomamos la decisión en fe de dar un paso en el ministerio. Nos mudamos de Nueva Zelanda a Sídney, Nueva Gales del Sur. Pequeñas citas comenzaron a llegar, dándome la oportunidad de hablar en algunos de los pueblos más rurales e inauditos de la costa este de Australia. Nadie nos iba a pagar por nuestro ministerio, así que para suplir todos los gastos, me dedicaba a limpiar ventanas en una conocida zona comercial llamada Paddington, cerca del centro de Sídney. Bobbie estaba embarazada de nuestro primogénito de diecinueve semanas. Acabábamos de meter nuestro equipaje en el coche para comenzar nuestro primer viaje ministerial "al monte".

Nuestro coche era de esos indestructibles: un buen vehículo australiano de cuatro puertas, con un motor V-8 y un parachoques reforzado y de gran tamaño en la parte delantera que nos hacía creer que podríamos atravesar cualquier obstáculo que se cruzara en nuestro camino. Literalmente, acabábamos de salir de nuestra casa alquilada. Tan sólo habíamos doblado la esquina cuando ¡*pum*! nos chocamos de frente con un pequeño turismo extranjero que había salido de la nada. Bobbie se estaba abrochando el cinturón en ese momento, así que, salió volando hacia adelante y se golpeó la cabeza directamente contra el salpicadero. Los vecinos de aquella calle estrecha salieron corriendo a ofrecer su ayuda mientras llamaban a una ambulancia. Gracias a Dios, después de que los médicos comprobaran su estado, la ambulancia no fue necesaria. Como era de esperar, nuestro coche-Transformer apenas tuvo un arañazo, aunque el pequeño turismo de dos puertas del otro conductor acabó doblado como un acordeón.

Afortunadamente, íbamos muy despacio y nadie resultó herido de gravedad pero, horas más tarde descubrimos (mucho antes que tuviera a alguien para ayudarme con las tareas administrativas) que, de alguna manera, con tanto ajetreo de vida, ¡había dejado que se nos caducase el seguro del coche! Aplastante decepción. Justo cuando empezábamos a dar pasos hacia lo que sentíamos que Dios nos estaba llamando y nos había designado, sufrimos un gran golpe en nuestros recursos junto con algunos otros detalles que nos hicieron perder mucho tiempo.

¿Alguna vez te has sentido decepcionado o desilusionado? Sé que sí. El prefijo *des* significa ir en dirección contraria. *Des*ilusionar es desviarse de lo que Dios te ha designado (e ilusionado) a hacer.

Desagrado. Desconfianza. Desventaja (o incapacidad). Decepción. Desacuerdo. Desaprobación. Discordia. Desconexión. Descontento. Y la lista sigue.

Dios nos designa y comisiona, pero si respondemos con decepción, desilusión, desacuerdo, discordia, etc., eso nos privará y robará, pudiendo incluso alejarnos de lo que Dios tiene. Y aunque es verdad que, tal y como afirma este libro, Dios tiene más para nosotros de lo que jamás podríamos haber imaginado, vivir por encima de la decepción es una habilidad, y una necesidad, que necesitamos para alcanzar esa vida abundante.

Después de la designación de Jeremías, éste también tuvo una vida llena de decepción. Aunque fue fiel al llamado para su vida (ejerció de profeta, sirviendo a Dios y declarando con valentía la palabra del Señor), no vio ningún gran avivamiento. No llenó estadios ni atrajo a grandes multitudes, y la persecución que sufrió fue muy severa.

Jeremías 20:1–2 explica el momento en el que el oficial principal de la casa del Señor golpeó a Jeremías y lo puso en el cepo que había en la puerta superior de la ciudad. Confinado y expuesto a toda humillación degradante y pública, Jeremías clamó en las calles:

Me empujaste a esto, Dios, y te dejé hacerlo.
    Tú eras demasiado para mí.
Y ahora soy una broma pública.
    Todos se burlan de mí.
Cada vez que abro la boca
    es para gritar: "¡Asesinato!" o "¡Violación!"
Y todo lo que recibo por estas advertencias de parte de Dios
    son insultos y desprecio. (versículos 7–8, MSG)

Tal vez te encuentres en la misma situación que Jeremías: decepcionado con Dios, confundido por tus circunstancias. Seguir el llamado de Dios en tu vida te ha hecho experimentar obstáculos, angustia y dolor por parte de personas que te han decepcionado sin cesar. Tal vez un aborto natural o un diagnóstico terminal o un gasto inesperado te ha atacado por sorpresa. ¿Estás clamando como Jeremías? ¿Necesitas con desesperación respuestas, esperanza y sanidad? Clamar a Dios es el primer paso. Pero lo que realmente te sostendrá será descubrir qué promesas y verdades hay *dentro* de ti.

Nunca en Vano

¿Sabías que de la misma manera que Dios utiliza las cosas buenas y las decisiones sabias que tomamos, nada decepcionante se desaprovecha dentro del plan de Dios? Es verdad. Ninguna experiencia, ni siquiera la más difícil, es un desperdicio si la usas sabiamente. Dios puede usar todo lo que has pasado y todo lo que enfrentarás para convertirte en la persona que Él ha planeado que seas.

Mira la vida de Moisés. Se crió en la casa de su enemigo. Como hijo adoptivo de la hija de faraón, pasó cuarenta años aprendiendo el idioma y las costumbres de los egipcios, los mismos que habían perseguido a su propia familia y a toda una generación de hebreos. Qué mejor preparación para llegar a conocer a tu adversario que criarte con ellos. Y aunque a menudo se habla de Moisés con gran honor y respeto por su rectitud, muchas de las lecciones difíciles que cambiaron su vida las aprendió a través de sus fracasos personales.

O quizás seas más como el apóstol Pablo, que iba a irse de viaje misionero a España, pero en vez de eso, terminó en prisión. Sentado en aquella cárcel romana, Pablo debió pensar más de una vez: *Adiós designación. Hola decepción.*

Tal vez te encuentres en la etapa de tu vida que viene "antes del más", sintiéndote como si estuvieras en una época de desierto cuidando ovejas en lugar de estar en las poderosas cortes del rey o guiando a las personas hacia su libertad.

Recuerda: Dios nunca desaprovecha una experiencia. Él no *causa* la decepción, pero si dejas que tu fe sea probada y escoges usar sabiamente el tiempo y las oportunidades que hay delante de ti, Dios lo usará todo para bien y para su gloria.

Aquellos cuarenta años en el desierto, cuidando ovejas y vagando por lugares desolados, prepararon a Moisés para su destino: conducir al pueblo de Dios por su propio desierto y guiarlo hacia *sus* respectivos destinos.

Y durante aquel tiempo inesperado en prisión, Pablo optó por escribir en lugar de preocuparse. Gracias a esa decisión, tenemos las epístolas a Filemón, a los Colosenses, a los Filipenses y a los Efesios. ¡Que alguien me diga si eso no es convertir la decepción en designación!

Quizás tú también estás vagando por un lugar donde preferirías no estar. Si estás pasando por una época de desierto o decepción, o que parece ser lo contrario a tu vida abundante, ten ánimo: Vienen días mejores.

Ya se te ha otorgado el don del tiempo, que puede usarse para cumplir el propósito de Dios en tu vida. Y tienes oportunidades y citas frente a ti que te pueden llevar al glorioso destino que te espera. Es sabio preguntarse si estás administrando tus días y oportunidades divinas de la mejor manera posible. Haz tuya la oración del Salmo 90:12:

Enséñanos a contar bien nuestros días,
para que nuestro corazón adquiera sabiduría. (NVI)

Te lo dice Jeremías. Créelo. Aunque clamó a Dios en desesperación y decepción, esa no fue su confesión final.

Decepción Temporal = Carácter Eterno

Vive de dentro para afuera y no de afuera hacia dentro. Tal vez sea más fácil decirlo que hacerlo, pero lo que aprendemos de la vida de Jeremías es que lo que había *en* él era mayor que cualquier decepción que viniera en su *contra*. En Jeremías 20:9, sólo *un versículo* después de que el profeta soltara toda su decepción a Dios, dice:

No obstante, había en mi corazón
como un fuego ardiente metido en mis huesos.
Traté de resistirlo, pero no pude.

Para Jeremías, el silencio era peor que el sufrimiento. Se vio obligado a seguir el llamado de Dios. Estaba convencido que había sido designado por Dios y no iba a permitir que ni el peor de los dolores ni la decepción echaran a perder su oportunidad.

Cada desafío que enfrentamos es una oportunidad para desafiar la decepción. Se necesita un carácter moldeado por Dios para sostener lo que Dios designa. Independientemente de cuales sean tus circunstancias actuales, vas a tener que decidir si lo que arde dentro de ti es mayor que la desilusión que está intentando asaltarte. Pablo nos dice:

Por tanto, habiendo sido justificados por la fe, tenemos paz para
con Dios por medio de nuestro Señor Jesucristo, por medio de
quien también hemos obtenido entrada por la fe a esta gracia en la
cual estamos firmes, y nos gloriamos en la esperanza de la gloria
de Dios. Y no sólo esto, sino que también nos gloriamos en las
tribulaciones, sabiendo que la tribulación produce paciencia; y la
paciencia, carácter probado; y el carácter probado, esperanza; y la
esperanza no desilusiona, porque el amor de Dios ha sido
derramado en nuestros corazones por medio del Espíritu Santo
que nos fue dado. (Romanos 5:1–5, LBLA)

La tribulación, o lo que nosotros llamamos *desilusión* o *decepción*, produce perseverancia y la perseverancia, carácter. Es tan fácil llegar a dejar que la decepción temporal prevalezca sobre la comisión otorgada por Dios, pero ¡no lo permitas! Aprovecha la oportunidad que tienes delante para que se realice en ti una obra profunda, que produzca una nutritiva cosecha de paciencia, carácter, esperanza y amor.

La Designación Crea Espacio

Cuanto mayor sea tu carácter, más podrá verter Dios en ti. Muchas personas caminan hacia la comisión que Dios les ha designado con un carácter que no puede sostener sus roles. Santiago 1:4 dice: "Y la constancia debe llevar a feliz término la obra, para que sean perfectos e íntegros, sin que les falte nada." (NVI). Debemos permitirle a Dios que nos enseñe a través de nuestros problemas, que nos ponga a prueba a través de nuestras tribulaciones y que nos perfeccione a través de nuestras decepciones para que cuando llegue la bendición, estemos listos para ella.

Cuando Dios trae bendición, no solo esparce unas cuantas gotas, sino que la derrama en grandes cantidades. Al principio del capítulo, he citado Juan 15:16, que dice: "Vosotros no me escogisteis a mí, sino que yo os escogí a vosotros, y os designé." (LBLA) Pero no termina ahí. El resto del versículo dice esto: "para que vayáis y deis fruto, y que vuestro fruto permanezca; para que todo lo que pidáis al Padre en mi nombre os lo conceda".

Todo lo que pidáis. El fruto abundante de Dios. Esta es su voluntad para tu vida y el propósito de tu comisión.

Cuando era joven y, como predicador, viajaba por las carreteras secundarias de Nueva Gales del Sur para ser parte de reuniones de entre cinco y cien personas, jamás podría haber imaginado los caminos que tomaríamos para llegar a donde estamos ahora; caminos llenos de milagros y de decepciones. Cuando empezamos a reunirnos en la pequeña sala de una escuela a las afueras de Sídney, jamás habría imaginado que también acabaríamos hablando semanalmente a grandes multitudes en el centro de São Paulo, Brasil. Pero es así precisamente como actúa nuestro Dios.

La versión The Message de Eugene Peterson lo expresa así:

> Hay más en camino: Seguimos levantando nuestras alabanzas incluso cuando estamos rodeados de problemas, porque sabemos que los problemas pueden desarrollar una paciencia apasionada en nosotros, y que esa paciencia, a su vez, forja el acero templado de la virtud, manteniéndonos alerta y despiertos para lo próximo que Dios hará. Cuando estamos en esta expectativa de alerta, nunca nos sentimos defraudados, sino todo lo contrario: ¡No tenemos suficientes recipientes para contener todo lo que Dios generosamente vierte en nuestras vidas a través del Espíritu Santo! (Romanos 5:3–5)

Es como el aceite provisto para la viuda en el Antiguo Testamento (lee 2 Reyes 4:1–6). Es como la promesa de bendición que se derrama abundantemente cuando practicamos la disciplina del diezmo (lee Malaquías 3:10). Dios nos colma de abundancia en maneras que son más grandes, más elevadas y más emocionantes de lo que podríamos imaginar.

Mientras estoy en una reunión de domingo por la mañana en nuestro campus de Hills, sé que hay reuniones llevándose a cabo simultáneamente en otras ubicaciones alrededor de Sídney, por toda la costa de Queensland, en cuatro puntos de Melbourne, en la pequeña isla de Tasmania, y desde hace poco, también en la costa más al norte, cariñosamente conocida por los australianos como el "Extremo Superior", en el puerto de Darwin. ¡Nos hacen falta más recipientes!

¿Ha habido decepciones por el camino? Claro que sí. Aplastantes decepciones. Pero nunca hemos permitido que la decepción nos guíe o nos robe, y hemos visto el fruto de muchas más formas de las que podríamos expresar con palabras.

Ah, y ¡espera! La historia de nuestro accidente automovilístico tiene una posdata. Te he contado que el seguro había caducado, así que, a causa de nuestro ajustada situación financiera, todo indicaba que tendría que dejar a un lado mis humildes citas como predicador para poder trabajar más y ganar más y así, poder pagar la reparación del coche con el que me choqué, el cual era un modelo nuevo y caro. Pero fiel a su naturaleza, Dios vino a mi rescate de una manera casi inaudita. El gerente de la compañía de seguros vino a nuestro pequeño apartamento de un dormitorio para hacerme unas preguntas, y después de escuchar mi historia y ver a mi mujer embarazada, dijo: "Nunca he hecho esto antes, pero como estás en el ministerio, aunque tu seguro ya no sea válido, nosotros pagaremos la reparación". Fue la gran confirmación de que estábamos en el camino correcto. Cuando el hombre se fue, literalmente me puse a bailar por casa, lleno de alegría y gozo por la fidelidad de Dios.

Dios *nunca* decepciona, amigo mío.

Él puede hacer lo mismo por ti.

Donde ha permitido que haya decepción, forjará en ti el acero templado de la virtud, la pasión de la perseverancia y una expectativa en alerta por todo lo que está por venir.

Corrie ten Boom dijo una vez: "Cuando un tren atraviesa un túnel y se pone oscuro, no tiras tu billete y saltas de él. Te mantienes sentado y confías en el maquinista."[8]

Dios designa, pero no decepciona. Has sido llamado, salvado, llenado de propósito y agraciado para su comisión; y la esperanza no decepciona. La suerte no es tu herencia. El fracaso no es tu fin. Más bien, permite que la esperanza sea tu faro, la fe sea tu brújula y el propósito sea tu destino. En el camino hacia "más", los baches de la carretera solo edifican tu carácter y fortalecen tu testimonio para el futuro que Dios ha planeado.

Se me conoce por decir esto, y te lo diré una y otra vez hasta que acabe resonando en tu alma porque, lo creas o no, *lo mejor realmente está por venir.*

Quiero declarar sobre tu vida que ningún final es definitivo, ningún fracaso es letal, ningún error es irredimible, y ninguna vida es inalcanzable. Aquello por lo que estás pasando o hayas pasado no te descalifica de la promesa de Dios y de la comisión que tienes delante de ti. Él vino para darte una vida llena de propósito, bendición y más.

---

8 Corrie ten Boom, *Jesus Is Victor* (Old Tappan, NJ: Revell, 1985), 183. *Traducción libre*

7

Preparado y Receptivo

Lexi Milan Houston es mi tercera nieta y la segunda hija mayor de mi hijo Ben y su esposa, Lucille. Decir que Lexi es una amante de la vida, no le hace justicia a la pasión entusiasta y despierta que emana diariamente de este pequeño pero intenso ser. Lexi es única. Al igual que millones de niñas de todo el mundo, incluidas sus hermanas, puede bailar sin parar hasta quedar totalmente agotada sin ningún tipo de vergüenza.

Fue precisamente su pasión por la vida lo que hizo que su primera visita a Disneyland fuera tan especial, no solo para ella, sino también para mí, su abuelito, que durante aquella bonita tarde californiana estaba viendo el mundo a través de los ojos de la pequeña Lexi de cuatro años. Fue entonces cuando comprendí porqué no era de extrañar que Jesús dijera: "—De cierto os digo que si no os volvéis y os hacéis como niños, no entraréis en el reino de los cielos. Así que cualquiera que se humille como este niño, ése es el mayor en el reino de los cielos" (Mateo 18:3–4). Cuando ves el mundo desde la perspectiva de un niño, abres los ojos de una manera mucho más amplia. Como esponjas, absorbiendo cada nueva experiencia que el día les presenta, los niños asimilan más de lo que sus pequeñas mentes pueden comprender o sus grandes ojos pueden concebir. El amor de Lexi por la vida nunca se había hecho tan evidente como en aquel día, y Bobbie y yo nos sentíamos honrados de estar allí.

Nuestra noche terminó con el famoso desfile de Disney, y sabíamos que todos los favoritos de Lexi iban, sin duda, a hacer su aparición: Mickey, Donald y Goofy, sí, aunque la guinda del pastel fueron todas las princesas y los personajes de *Frozen*. Nos fuimos para el desfile bastante temprano, cosa que normalmente no haría este hombre de sesenta y tres años sin paciencia alguna. Pero ese día era diferente. Estaba disfrutando de nuestra aventura en Disney a través de los ojos de una niña. Me encantó ver a Lexi entre tantas miles de personas, con su sitio bien guardado junto al bordillo, gritando el nombre de cada personaje de Disney que pasaba por delante. "¡Pato Donald! ¡Mickey! ¡Ariel! ¡Cenicienta! ¡Hola!" Su entusiasmo, su voz emocionada y sus bailes esporádicos hicieron que todos y cada uno de esos famosos personajes la miraran, le sonrieran y la saludaran cariñosamente. A pesar de ser una niña pequeña entre miles, Lexi se sintió como si fuera la única en aquel lugar.

Creo que la receptividad consigue eso. Puede abrir puertas que te hacen sentir como uno entre mil, o incluso, como uno entre un millón. ¿Es una exageración? No tiene por qué. "Excesivamente, abundantemente por encima" es la promesa de Dios cuando Él es el poder que actúa en nosotros.

La receptividad de Lexi le abrió las puertas mientras cada uno de sus héroes pasaba e interactuaba con su ilusión y fantasía llena de asombro. Creo que cuando vives tu vida en alerta, despierto, presente y con receptividad, ¡ese asombro que te tiene con los ojos bien abiertos hará exactamente lo mismo por ti! Te abrirá puertas de oportunidad y te permitirá ver lo que de otra manera podrías haber pasado por alto. En vez de dejar que las voces importantes se conviertan en mero ruido de fondo, empieza a oír lo que necesitas oír.

El Poder de la Receptividad

Jesús a menudo decía: "Si alguno tiene oídos para oír, oiga." (Marcos 4:23). En una de esas ocasiones, continuó diciéndole a sus discípulos: "—Prestad atención a lo que oís, porque con la medida con que medís, os será medido, y aun se os añadirá a vosotros los que oís" (versículo 24).

Una de mis muchas debilidades radica en mi capacidad para desconectar en medio de una conversación y perderme entre mis propios pensamientos. A veces, hago caso omiso de los que me rodean. En muchas ocasiones, uno de mis hijos me ha llamado mientras yo veía las noticias en la tele, y aunque he podido oírlo, no he reaccionado. Mi hija, Laura, solía llamarme: "Papá … Papaaaaaa … *¡Papá!*" Entonces, ya frustrada, cambiaba de táctica y gritaba: "¡Brian!" ante lo cual yo me daba la vuelta y le preguntaba qué quería. No es un buen hábito, lo sé.

Ahora bien, ¿cómo de despierto, cómo de alerta, cómo de conectado estás al mundo que te rodea? Si el Espíritu Santo te hablase, ¿estarían tus oídos listos para escuchar su susurro, o no lo escucharías aunque su susurro se convirtiera en un grito? La vida de por sí nos ofrece a todos demasiadas distracciones, preocupaciones e inquietudes que podrían llenar nuestros corazones, bloquear nuestros oídos y atenuar nuestra visión. El ruido de la vida puede ahogar fácilmente lo que Dios está tratando de decir.

Creo que cuando Jesús se puso a hablar con sus discípulos acerca de la "medida" en Marcos 4:24, estaba indicándoles que, muy a menudo, el sentimiento de complacencia y nuestra incapacidad para escuchar nos roban la medida que Dios quiere que tengamos a la hora de cumplir sus promesas en nuestras vidas.

¿Qué despierta dentro de ti la sencillez de un niño? ¿Qué enciende esa fe inocente que las circunstancias de la vida intentan robarte? ¿Tienes una visión suficientemente emocionante como para hacer que te levantes temprano, o un sueño lo suficientemente inspirador como para traer a tu alma una profunda expectación que te haga sonreír cada vez que lo recuerdas? ¿Estás listo para más? Lo que quiero decir es: ¿Te has preparado para todo lo que Dios ha planeado para tu futuro? Es una gran pregunta, que quizás vaya seguida de esta otra: Y, ¿qué *tiene* Dios para tu futuro? Probablemente no pueda responderte a eso con exactitud, pero espero que por lo que llevas leído de libro, sepas bien que Él tiene buenos planes, grandes planes. Él conoce los deseos de tu corazón y está preparado para cumplirlos. Ahora bien, ¿estás tú listo para recibirlos?

Quizás creas que todo esto ya no va contigo. Te has convertido en un "realista" y te sientes cómodo viviendo sin hacer ruido para el Señor, simplemente poniendo todas tus expectativas en pasar la eternidad en su presencia. Si esto es así, entonces, déjame decirte que es una pena, porque nadie es salvo para solo ir al cielo. Gloria a Dios porque el cielo es nuestra recompensa final, pero eres salvo, llamado y se te ha dado un propósito y una gracia para marcar una diferencia aquí en la tierra *ahora*, en tus amigos, familiares, vecinos y compañeros de trabajo a través de cada oportunidad que Dios pone en tu camino. Sí, Jesús murió para salvarte de tus pecados, pero también murió para traer el cielo a la tierra y para que tú y yo vivamos entregados a su causa. Si pierdes de vista el "más" del que habla el apóstol Pablo en Efesios 3:20 (NVI), permitirás familiaridad, te hartarás, e incluso te volverás crítico y cínico.

¡Y esta no es forma de vivir para nadie!

En Hechos 13, Pablo habla directamente a las personas que tienen esa actitud:

Cuidado, cínicos;

Fijaos bien.

Observad cómo vuestro mundo se desmorona.

Estoy haciendo algo justo ante vuestros ojos que no vais a creeros,

aunque lo tenéis delante de vuestros ojos.

(versículo 41, MSG)

Sin receptividad, puedes acabar viviendo así, con cosas ante tus ojos que ni verás. La familiaridad y el darlo todo por sentado te robarán el asombro, y el cinismo o la falta de expectación te mantendrán alejado de lo que Dios tiene para ti.

Enemigos de la Receptividad

"La búsqueda de una iglesia 'conveniente' hace del hombre un crítico, cuando el Enemigo quiere que sea un discípulo", dice C. S. Lewis en las *Cartas del Diablo a su Sobrino*. "Lo que Él quiere del laico en la iglesia es una actitud que puede, de hecho, ser crítica, en tanto que puede rechazar lo que sea falso o inútil, pero que es totalmente acrítica en tanto que no valora: no pierde el tiempo en pensar en lo que rechaza, sino que se abre en humilde y muda receptividad a cualquier alimento que se le dé."9

Lewis podría estar refiriéndose a ese tipo de actitudes que son tan prevalecientes no solo en nuestras iglesias, sino también en nuestras familias

---

9   C. S. Lewis, *The Screwtape Letters: Annotated Edition* (1942; reimpresión y anotación, San Francisco: HarperOne, 2013), 94.

y nuestros hogares. Es fácil volverse un crítico: quejarnos del tráfico en el aparcamiento y de la música muy alta, criticar a nuestro cónyuge o encontrarle defectos a nuestros hijos. Pero la crítica sólo endurecerá tu corazón ante lo que Dios anhela mostrarte. El dolor y las heridas te impiden ser abierto y accesible. Evitar el perdón y permitir que la amargura arraigue en ti solo provocará que la negatividad ahogue la receptividad.

El apóstol Pablo puso a los creyentes y a las iglesias en Macedonia como ejemplos de inmensa disposición y generosidad. Sus circunstancias eran intensas, a causa de la profunda recesión y la grave crisis financiera por la que estaba pasando su región, pero observa su ejemplo inspirador. Pablo lo compartió con la iglesia en Corinto: "Asimismo, hermanos, os hacemos saber la gracia de Dios que se ha dado a las iglesias de Macedonia, porque, en las grandes tribulaciones con que han sido probadas, la abundancia de su gozo y su profunda pobreza abundaron en riquezas de su generosidad." (2 Corintios 8:1–2).

Toma nota de las dos cualidades mencionadas en el versículo 2: la "abundancia de su gozo" y las "riquezas de su generosidad". Su preciosa receptividad y disposición a Dios les llevó a no permitir que su situación apagara el innegable gozo y la generosidad que tanto caracterizaba a estos creyentes macedonios.

Como pastor, he sido testigo de esto muchas veces a lo largo de los años: las dos primeras cosas que desaparecen cuando algo cambia en el corazón de una persona, pareja o incluso familia son el gozo y la generosidad. Sus semblantes cambian. Comienzan a retroceder; ya no son los libros abiertos que solían ser, y aunque aún siguen presentes, es como si ya no estuvieran "ahí". Las palabras generosas, las sonrisas alentadoras y la disposición a dar tanto tiempo como dinero se secan. La disposición ha desaparecido, la receptividad ya no existe y. al menos, por dentro ya se han ido.

¿Fue un daño o una ofensa? ¿Alguien les ha hecho algo o, han tenido en cuenta la ofensa y la opinión de los demás? O a lo mejor, simplemente han abandonado lo que la Biblia llama su "primer amor" (su relación con Dios) y han permitido que sus circunstancias alteren cómo ven el mundo, dejando que sus corazones se enfríen. Muchas cosas pueden echar raíces en tu corazón y en el mío si no los protegemos con esmero.

De la misma manera que un corazón desprotegido ahoga la receptividad, la familiaridad puede generar desprecio y la mediocridad puede convertirse rápidamente en esclavitud. Mateo 13:57–58 cuenta que Jesús era un rostro familiar en su ciudad natal. La gente simplemente lo veía como "el hijo del carpintero" (versículo 55) y, a causa de su percepción, se sentían ofendidos por las palabras que hablaba y la verdad que contaba. "Jesús les dijo: —No hay profeta sin honra, sino en su propia tierra y en su casa. Y no hizo allí muchos milagros debido a la incredulidad de ellos" (versículos 57–58). Sería cierto decir que su familiaridad dejó a Dios fuera de su propia casa. Debido a su incredulidad, Jesús no hizo milagros allí, y se perdieron lo que podría haber sido.

Lo mismo puede sucedernos a nosotros si limitamos a Dios con nuestra falta de receptividad al familiarizarnos demasiado con lo que Él nos ofrece. Quizás piensas: *Vale, pero mi vida está llena de lo familiar.* Quizá consideras que tu semana es demasiado rutinaria. Comprendo la rutina diaria de levantarte, trabajar, cuidar a tu familia y llegar a casa para pagar las facturas y acostar a los niños. Pero también he acabado comprendiendo que Dios está en los detalles. Hasta el detalle más pequeño o la tarea aparentemente más normal de nuestro día a día no pasa desapercibida o sin ser recompensada por Él. La fidelidad en las pequeñas cosas (el vivir bien nuestra vida cotidiana) es crucial para experimentar el más que Dios promete. No te desanimes por lo que parece normal y corriente, y no permitas que la familiaridad te prive de tener un encuentro con Dios.

¿Puedo animarte? No permitas que la ofensa, la familiaridad o la mediocridad te lleven lejos de los propósitos de Dios.

Pero, ¿cómo es la familiaridad? ¿Qué apariencia tiene?

Cuando éramos jóvenes pastores, Bobbie y yo fuimos invitados a Perth, a cinco horas de vuelo de un lado de la isla-continente más grande del mundo al otro. Nuestros anfitriones y nuevos amigos, Phil y Heather, nos recogieron. Nos quedamos sin palabras cuando llegamos al increíble hotel que habían reservado para nosotros. Nunca antes habíamos estado en un hotel tan bonito, ¡y todo lo que había en nuestra habitación era una maravilla! Cada toalla estaba perfectamente colocada, la cama parecía tener una docena de almohadas y la televisión era más grande que la que teníamos en casa. Los centenares de pequeños detalles hacían que nos sintiéramos abrumados de que nuestros amigos nos mimaran de tal manera. Estábamos muy sorprendidos y realmente agradecidos a Dios por su bondad.

Adelanta unos cuantos años, y ahí estoy yo de nuevo, predicando a la misma iglesia y alojándome en el mismo hotel. Pero algo había cambiado. Después de recoger mis llaves en recepción, me fui corriendo a la habitación, tiré mi maleta en la cama y por dentro, empecé a quejarme de un detalle que me tenía descontento. En ese preciso momento, me detuve y recordé lo agradecido que había estado hacía tan solo una década por haber podido alojarme con Bobbie en un hotel tan bueno. ¿Qué había cambiado? Me había acostumbrado a la bendición, y la familiaridad había tomado el control. Realmente tuve que examinarme en aquel lugar y decidir no volver jamás a familiarizarme con las bendiciones de Dios y la amabilidad de los demás. He aprendido que la familiaridad se opone a esa actitud abierta ante la vida que nos tiene preparados y listos para todo lo que Dios pone en nuestro camino.

Tú también podrías familiarizarte con la bendición de Dios y dar tu trabajo por sentado, o tu ministerio, tu oportunidad, tus amigos o tu iglesia. O quizá ya te ha pasado. Se trata de ese momento en el que la alabanza ya no te mueve y no sientes la presencia de Dios como antes. Es cuando la predicación de tu pastor ya no te alimenta como solía hacerlo o cuando el sentimiento de familia, y tu aprecio y gratitud por la comunidad de la iglesia mengua. Quizá durante conversaciones, resaltas más los aspectos negativos y te olvidas de la bendición personal que tu iglesia local ha sido para ti.

La familiaridad te hace creer que no eres tú sino la iglesia la que ha cambiado. Te hace pensar que la alabanza ya no es tan buena como solía serlo y que el pastor ya no es tan afilado. Ya lo has escuchado todo antes y nada es nuevo, así que te pones a buscar algo diferente. Cuando esto pasa, en realidad Dios tiene mucho más para ti, pero la familiaridad te está alejando de su voluntad y propósito para tu vida. Quizá lo que ha cambiado no es el pastor, ni la alabanza, ni la iglesia. Quizá el que ha cambiado eres tú.

Cuando la familiaridad se extiende por la congregación de cualquier iglesia, su avance se detiene, la espontaneidad desaparece, la comunidad deja de amar y los altares se vacían. La alabanza se vuelve mecánica, y el mensaje ya no penetra en los corazones endurecidos de la congregación. Quizás todo esto te parezca exagerado, pero te aseguro que no lo es. La disposición, el hambre espiritual, la gratitud y la receptividad son atributos de una iglesia saludable, y cada uno de nosotros jugamos un papel importante en eso.

Haz tu Parte

Echa un vistazo a esta maravillosa imagen de la reunión del pueblo de Dios en una plaza de Israel. Se encuentra en Nehemías 8, y se trata de una narración asombrosa acerca de la receptividad. La muralla de Jerusalén había sido reconstruida según las instrucciones de Dios, gracias al liderazgo de Nehemías. Para la Fiesta de los Tabernáculos, el pueblo preparó una plataforma de madera para que el sacerdote Esdras pudiera leer la ley desde allí. Cuando la gran multitud llegó a la plaza, Esdras subió a aquella plataforma temporal y abrió la Torá. Observa la asombrosa respuesta de la gente:

> Abrió, pues, Esdras el libro ante los ojos de todo el pueblo —pues estaba más alto que todo el pueblo—; y cuando lo abrió, el pueblo entero estuvo atento. Bendijo entonces Esdras a Jehová, Dios grande.
>
> Y todo el pueblo, alzando sus manos, respondió: «¡Amén! ¡Amén!»; y se humillaron, adorando a Jehová rostro en tierra. (versículos 5-6)

¡Qué foto! Lo único que hizo Esdras fue abrir el libro, y un coro resonó, lleno de personas que juntas gritaban "¡Amén, Amén!" mientras levantaban sus manos. Luego, con las cabezas inclinadas y los rostros hacia el suelo, adoraron al Señor. ¡Qué multitud tan entusiasta! La atmósfera estaba llena de alabanza. Eso es lo que la receptividad genera. No solo abre puertas, sino que también cambia la atmósfera, trayendo la convicción de que cualquier cosa podría pasar y probablemente acabe pasando.

¿Cómo podemos hoy recuperar este entusiasmo en nuestra adoración?

Conozco cómo puede cambiar el ambiente de una reunión gracias a la receptividad. Lo he experimentado. Cuando las personas se inclinan en la alabanza y tienen hambre de la Palabra, predicar es un gozo. El ambiente trae una mayor claridad a mi mente. Mis palabras fluyen, y la presencia del Espíritu Santo es evidente cuando las personas están listas para recibir. A eso me refiero cuando hablo de un "ambiente cargado". Es tangible, es poderoso, su unidad es preciosa y es como un imán para los recién llegados. Pero lo opuesto es también cierto, ya que una multitud cansada que está ahí como si no lo estuviera, oyendo pero sin escuchar, hace que te sientas como la multitud de la ciudad natal de Jesús le hizo sentir: como un profeta sin honra en su propia tierra (lee Marcos 6:4) . Jesús no pudo hacer milagros allí.

¿Ya no ves milagros en tu vida y te preguntas por qué? Tal vez necesites un avivamiento en tu alma y renovar tu manera de ver y vivir la vida. Quizás necesites pedirle a Dios que vuelva a encender el fuego que antes tenías por las cosas de Dios. Pídele que cree en ti hambre y sed por la Biblia y te apasione por la vida. Puede que necesites un nuevo sentido de urgencia sobre los asuntos del Reino, como el de estos hombres ...

Rompe el Techo

Me lo imagino. Sabían lo que estaba pasando dentro de aquella casa. La gente no paraba de salir a la calle en avalancha susurrando "¡Es un milagro!" y "¿Has visto cómo se sanaba?"

Sabían que el rabino dentro de aquella casa no era un hombre normal. Se trataba de aquél del que todo el país hablaba: Jesús.

Sabían que esta era su oportunidad, la oportunidad que su amigo necesitaba. Tenían grandes expectativas, y su disposición para hacerlo estaba alentada por la actitud similar de los demás compañeros. Pero la multitud era demasiado densa, y nadie estaba dispuesto a ceder su lugar, ni siquiera para dejárselo al hombre que llevaban, que estaba evidentemente enfermo. Así que, miraron al techo y, sin decirse nada, supieron lo que tenían que hacer. Levantaron a su amigo paralítico de su camilla y lo pusieron sobre sus hombros. Empezaron a cavar en la dura superficie de arcilla hasta que sus dedos se quedaron en carne viva sabiendo lo que podía pasar si conseguían meter a su amigo dentro de esa habitación llena de gente con Jesús (lee Marcos 2:1–5).

De la misma manera, lleno de ansiosa anticipación, alguien más fue ministrado por el Hijo de Dios. Zaqueo era el recaudador de impuestos del pueblo, probablemente un personaje corrupto y antipático, y la Biblia nos dice que era un hombre de baja estatura. Sin embargo, su hambre por ver a Jesús, su interés y su gran receptividad al mensaje lo llevaron a trepar a un árbol y a llamar la atención del Hijo del Hombre. "Cuando Jesús llegó a aquel lugar, mirando hacia arriba lo vio, y le dijo: —Zaqueo, date prisa, desciende, porque hoy es necesario que me hospede en tu casa. Entonces él descendió aprisa y lo recibió gozoso." (Lucas 19:5–6).

¿Crees que Jesús se siente atraído por nuestra desesperada deter-minación? Creo que la determinación y el tener una actitud receptiva siempre atraerá milagros. Jesús mismo a menudo era movido por el hambre de las personas y por aquellos que le buscaban con expectación anhelando un encuentro que cambiaría sus vidas.

¿Vives con gran expectativa? ¿Vives con el entusiasmo de un niño que está a punto de recibir una recompensa o de entrar por las puertas de Disneyland por primera vez? En tu relación con Jesús, ¿te acercas a él con el mismo propósito que Zaqueo y la determinación de los amigos del paralítico? ¿Esperas todavía lo milagroso? ¿Sigues aún desesperado por recibir de Jesús? ¿Sigues teniendo un corazón preparado? Es un desafío para todos nosotros, porque en nuestra vida diaria, siempre habrán obstáculos que intentarán dificultar que estemos listos y receptivos a todo lo que Dios tiene.

Un Deseo Mayor que los Obstáculos

Cuando vives con receptividad, tu deseo será mayor que los obstáculos. Un fenómeno comenzó a finales de los 90 en nuestro primer campus Hillsong en el barrio de Hills en Sídney, al noroeste de la ciudad. Nos reuníamos en nuestro primer edificio, pero era bastante más pequeño de lo que nuestra creciente congregación necesitaba. Así que, domingo tras domingo, mientras una reunión estaba en proceso, las personas hacían cola alrededor del edificio, esperando pacientemente a que comenzara la próxima reunión. Créeme, en la laica Australia, donde la gente considera que la iglesia es antigua, aburrida, vacía e irrelevante, no era normal ver a personas haciendo cola para entrar a la iglesia.

Esta misma realidad es ahora una característica típica de las iglesias Hillsong en ciudades tan diversas como Barcelona, Ciudad del Cabo, Londres, Los Ángeles o Nueva York, donde ya ha sido llevado a otro nivel. Las personas hacen cola durante una hora o más antes que empiece la iglesia, ansiosos por entrar. Las bajas temperaturas o el calor abrasador no parecen disuadir a las cientos de personas que fiel y pacientemente esperan su asiento en una reunión de domingo. ¡Asombroso!

Como en la mayoría de iglesias, en Hillsong, la Semana Santa es una época muy especial. Es nuestro fin de semana más grande de todo el año. Después de que todos nuestros campus llenen auditorios hasta reventar y cualquier otro espacio disponible para Viernes Santo y la reunión de mañana del Domingo de Resurrección, la gente se desplaza al centro de Sídney, donde desde hace años, miles de personas llenan un estadio para la última noche de domingo de Semana Santa.

En 2014, demasiadas personas acudieron a escuchar hablar al evangelista Reinhard Bonnke. Miles de personas se quedaron fuera, pero no querían perdérselo a pesar de que la predicción del tiempo indicaba fuertes lluvias. Y, ¡madre mía si llovió! Aún así, pocos minutos después de haber empezado dentro la reunión, se hizo evidente que la multitud que esperaba afuera no quería irse. ¡Ellos también querían celebrar la resurrección de Cristo!

Gracias a la planificación previa, la rápida iniciativa y los miembros tan serviciales del equipo, cuando dentro íbamos por la tercera canción, conseguimos acondicionarlo todo para la gran multitud que había fuera de la sala. Muchos, con chubasqueros improvisados, paraguas y ponchos de plástico, lo adoraban sin cesar, incluso después de que la reunión dentro del estadio ya hubiese acabado. Estaban listos y receptivos, y ningún obstáculo iba a detenerlos mientras se conectaban a nosotros a través de pantallas gigantescas que transmitían la reunión bajo la lluvia torrencial. Estoy convencido de que, en aquella noche de Semana Santa, su desesperación por encontrarse con Dios no fue ignorada ni insatisfecha.

Del mismo modo, también recuerdo tiempos pasados en los que he viajado con Hillsong United a Sudamérica. Más de una vez, estadios de fútbol gigantescos en lugares como Bogotá, Colombia o Buenos Aires, Argentina, se han llenado de gente que esperaba adorar, aún cuando la lluvia amenazaba con arruinar la fiesta. Jamás olvidaré la intensidad y la perseverancia de esas setenta mil personas alabando, con sus rostros hacia el cielo, los brazos bien arriba y lágrimas en sus ojos, aún cuando muchos estaban con los tobillos metidos en charcos fangosos y empapados hasta los huesos por la incansable lluvia. Incluso mientras predicaba el mensaje de Jesús, la multitud permanecía inmóvil, absorbiendo cada palabra. Eso sí que es "cantar bajo la lluvia", pero a otro nivel.

¿Eres como esas personas? ¿Cuándo fue la última vez que llegaste a la iglesia con ese tipo de expectación? ¿O te enfadaste cuando llegaste la semana pasada y tuviste que aparcar lejos de la entrada? Tal vez llegaste temprano, pero otros ya se habían reservado los mejores sitios. O quizás entraste y no reconociste a la persona que lideraba la alabanza, o no cantaron las canciones que te sabes, o escuchaste algo que no te gustó por parte del predicador de esa semana. Pero aún así, ¿seguiste inclinado y dispuesto a aprender?

Soy el primero en admitir que no siempre es fácil mantener esa pasión entusiasta. Pero el poder de la receptividad marca la gran diferencia en cuanto a lo abierto que parece estar el cielo.

Por favor, no me malinterpretes en este punto.

La vida cristiana no es una experiencia constante de felicidad y palmas. Sé tan bien como tú que hay muchos momentos en el valle, heridas y preocupaciones, sufrimientos y decepciones que pueden robar nuestro gozo y enfriar nuestro entusiasmo. Pero reconocer tu sufrimiento no es lo mismo que revolcarte en él.

Hay tanto que admirar de una persona que tiene la determinación suficiente como para permanecer con un corazón puro y blando, ansiosa por aprender de la tragedia y con la habilidad de ver a Dios en medio del sufrimiento.

Como consecuencia de tu petición a Dios por más responsabilidad y bendición en el futuro, ¿estás viviendo entusiasmado, responsablemente y receptivo a todas las cosas que Él ha traído a tu vida *ahora*?

Puertas Abiertas

Estábamos en la bonita Fiyi. La expectación era palpable. La pequeña capilla, cálida y húmeda, estaba llena de emoción y entusiasmo. Cada asiento estaba ocupado por una cara sonriente, admirando la belleza de los alrededores, pero igual de emocionados por lo que estaba a punto de suceder en el interior. Mientras el novio permanecía allí, con su elegancia informal, la sonrisa en su rostro solo quedaba empañada por las lágrimas en sus ojos. Su corazón latía tan rápido que toda la isla podía oírlo. Cuando las puertas se abrieron, fue como si toda la sala diera un suspiro de euforia, reconociendo la importancia de ese momento. Nunca olvidaré la sensación tan tangible de amor y expectación que llenaba la sala mientras llevaba a mi única hija, Laura, hacia el altar de aquella capilla, hacia su novio fiyiano. En el momento en que giramos la esquina y vimos aquel pequeño pasillo, Laura y yo nos deshicimos en lágrimas. Sin duda, es el momento de mayor orgullo para un padre.

Amo esta imagen de la receptividad. Peter jamás habría rechazado a Laura en ese momento aunque no le gustara su vestido o estuviera ofendido porque llegaba unos minutos tarde a la ceremonia. No, sino que más bien, él esperaba con emoción el momento en el que esas puertas se abrirían, seguro del regalo que se aferraba a mi brazo y estaba a punto de darle: su preciosa novia. Y cuando esas puertas se abrieron, todo su ser se llenó de emoción, alivio y pasión por aquella a la que amaba, anhelaba y esperaba.

¿Vives con una expectación similar ante todo lo que Dios va a hacer en tu vida? ¿Ante las siguientes puertas de oportunidad, bendición y provisión que Él abrirá? ¿Estás confiado y seguro de la belleza que te espera? Si no vives con expectación, puedes perderte lo que Dios quiere.

¿Cuál es tu expectativa? ¿Qué estás creyendo para este año, en tu vida y en las vidas de los que te rodean? ¿Estás esperando a Dios con la misma anticipación con la que espera un novio ansioso? La receptividad abre puertas: "»Pedid, y se os dará; buscad, y hallaréis; llamad, y se os abrirá, porque todo aquel que pide, recibe; y el que busca, halla; y al que llama, se le abrirá"(Mateo 7:7–8). ¡Qué promesa!

Nuestra receptividad nos abre la puerta a muchas más posibilidades. Decidamos vivir de tal manera que no nos perdamos ninguna oportunidad. Vivamos con intencionalidad, sin distracciones y conscientes del abundante potencial que hay en Cristo.

Presta Atención

La clave está en prestar atención. La atención trae retención: no puedes retener lo que no contienes. Por ejemplo, si no te escucho, ¡no voy a entender lo que dices! Debemos tener la atención de nuestro corazón constantemente en sintonía con Dios y nuestras almas continuamente alimentadas por su Palabra.

De la retención viene la intención, y de la intención viene la concepción. Ahora que tienes la Palabra dentro de ti y oyes la voz de Dios, ésta debería generar una respuesta. Y por esa respuesta, ahora te encuentras en un lugar donde concebir: dar a luz nuevas cosas y mirar hacia delante, al futuro, con esperanza y expectación. ¿Lo ves? Hay tanto potencial cuando simplemente prestamos atención.

¿A qué debes prestarle atención para poder dar a luz a nuevas cosas en tu vida? No te robes a ti mismo ni a los demás al no acudir regularmente a la Palabra de Dios o al coquetear con la mediocridad o el desprecio. Isaías dice esto:

¿No sabéis? ¿No habéis oído?

¿No os lo han dicho desde el principio?

¿No habéis sido enseñados desde que la tierra se fundó?

Él está sentado sobre el círculo de la tierra,

cuyos moradores son como langostas;

él extiende los cielos como una cortina,

los despliega como una tienda para morar.

Levantad en alto vuestros ojos

y mirad quién creó estas cosas;

él saca y cuenta su ejército;

a todas llama por sus nombres y ninguna faltará.

¡Tal es la grandeza de su fuerza y el poder de su dominio!

(Isaías 40:21–22, 26)

Te estás quitando potencial y quitándoselo a otros al no prestar atención ni recibir. Es primordial que en este viaje que te llevará a descubrir más de quién es Dios y más sobre lo que Él tiene para ti, mantengas tu corazón sin crítica, estés atento y absorbas la Palabra de Dios y sus milagros cada día. Sé agradecido, porque la acción de gracias viene antes que el milagro. Toma lo que escuchas, aplícalo a tu vida y ¡prepárate! El mismo Dios que llama a las estrellas por su nombre se está preparando para escribir una historia épica sobre las páginas de tu vida, si estás listo para recibirlo.

8

Credibilidad y Coherencia

Las casas espectaculares y los elaborados mercados y plazas caracterizaban a la antigua ciudad de Pompeya. Los ciudadanos romanos de clase alta acudían en masa a este distinguido centro cultural que florecía con todo tipo de gremios y arte. Establecida con esmero en el siglo VI a. C., esta ciudad magistral y moderna tardó años en construirse, pero solo unos instantes en destruirse cuando la ceniza volcánica de la erupción inesperada del Monte Vesubio enterró la ciudad y a muchas de las personas que vivían allí.

El puente Golden Gate, un ícono de San Francisco que se eleva sobre su famosa bahía, costó 35 millones de dólares en 1930 y tardaron cuatro años en construirlo. Los expertos estiman que con una gran actividad sísmica, tardaría sesenta segundos en desmoronarse.

Edificar una vida lleva tiempo, años de coherencia, fidelidad, longevidad y otras virtudes poco glamurosas, anticuadas e incluso aburridas. Es la credibilidad que edificas sobre toda tu vida (una plataforma de creación de confianza a largo plazo, tallada en autenticidad) la que se convierte en tu campo de pruebas. A su vez, esta autenticidad produce gran fruto a medida que tú sigues caminando. Y pensar que todo se puede destruir en un abrir y cerrar de ojos, como en la tragedia del Vesubio.

Gracias a Dios, no hay pecado, fracaso o error que sea irredimible. Pero la destrucción, humillación, dolor y enorme inutilidad de una credibilidad destruida es algo que he tenido que presenciar con demasiada frecuencia en mis años como líder de las Iglesias Cristianas de Australia, un movimiento con más de 1.100 iglesias en nuestra nación. He experimentado el dolor de sentarme frente a la mesa de un líder caído lleno de remordimiento, lamento y desconsolado arrepentimiento. No es una experiencia que quiera o busque, por razones obvias. Es muy doloroso presenciar la tragedia de un cónyuge destrozado o una familia en crisis, o el gemido arrepentido de alguien que de repente se da cuenta de lo que ha destruido y reflexiona sobre lo que pudo haber sido.

Dicho eso, creo que siempre hay un camino de regreso gracias a la naturaleza compasiva y restauradora de Dios y a su gracia. Sin embargo, lo que crea el daño a largo plazo son los fundamentos de una credibilidad perdida a los ojos de los demás, en particular de aquellos que han sido traicionados. Siempre hay un camino de regreso a través del arrepentimiento y el cambio de comportamiento, pero cuando se pierde la credibilidad, el camino puede ser largo, difícil y doloroso.

La Bendición de la Autenticidad, la Credibilidad y la Coherencia

Las grandes claves para que Dios haga más de lo que jamás podrías pedir, pensar o imaginar son la autenticidad, la credibilidad y la coherencia.

Estas desempeñan un papel vital en el camino hacia la naturaleza exponencial de la bendición de Dios, esa clase de bendición que te hace sacudir la cabeza con incredulidad y se forja al mantenerte en el camino.

El camino que Bobbie y yo disfrutamos ha ido aumentando en bendición a medida que pasan los años, cada década desproporcionada en relación con los diez años que la precedieron. La medida de Dios es tan diferente de la nuestra. Muchas veces he reflexionado sobre esta promesa:

Mejor es un día en tus atrios que mil fuera de ellos.
Escogería antes estar a la puerta de la casa de mi Dios
que habitar donde reside la maldad. (Salmo 84:10)

¡Un día mejor que mil! ¿Podría Dios hacer en un día lo que normalmente se tarda mil? Sé que sí. Lo he vivido en mi propio camino pastoral. La cantidad de personas a las que alcanzábamos en nuestra época pionera, en 1983, no llegaba a cien por semana. Hoy en día, con la ayuda de los locales, la tecnología, la visión y un corazón por las misiones que ha ido aumentando, podemos comunicarnos y hacer en un solo día lo que antes habríamos tardado mil. ¿Y cuál es el secreto? Siempre es por la gracia de Dios, aunque también creo nuestro alcance se ha acelerado y disparado debido a nuestro testimonio constante y al fruto de la credibilidad.

A fines del 2016, bombas rusas y sirias caían sobre Alepo. El sufrimiento y la desesperación que veíamos por televisión eran inimaginables. Multitud de niños (muchos de los cuales habían quedado huérfanos), familias sin hogar y personas que se habían quedado sin familia huían para salvar sus vidas con poco más que su ropa destrozada y el invierno acercándose. Pero tras un llamamiento a nuestras congregaciones, siempre tan generosas, conseguimos recaudar, en un solo fin de semana, mucho más apoyo de lo que jamás habríamos pensado hace más de treinta años. Por la gracia de Dios y mediante la colaboración con algunos trabajadores humanitarios que estaban arriesgando sus vidas para traer asistencia física y espiritual a aquella nación destrozada por la guerra, pudimos enviar cientos de miles de dólares justamente a los lugares donde más se necesitaban.

Eso es un testimonio del poder de la longevidad. Es una historia que no hubiera sido posible sin esa clase de credibilidad que, con los años, ha generado un nivel de confianza y coherencia que inspira a las personas a invertir.

La credibilidad está infravalorada. Así como también lo está la autenticidad. El haber logrado aquel impacto hizo que la rutina diaria de la fidelidad, a menudo basada en lo rutinario y desapercibido de la vida cotidiana, en lugar del glamour y las grandes y visibles ocasiones o los días especiales, valiera la pena.

Las personas invertirán su tiempo, energía y recursos en tu visión si pueden confiar en ti, creer en tu causa y ser testigos de tu coherencia. La autenticidad es atractiva. No es perfecta, pero es genuina. No es infalible, pero sí creíble.

Sé que esta también puede ser tu historia. Lo que quizá te llevó una década se llevará a cabo en un tiempo cada vez más acelerado cuando Dios edifica tu vida y tú cooperas con su plan maestro al ser fiel y coherente.

Cierto Discípulo

Timoteo es un buen ejemplo de fidelidad. Este joven fue escogido por el legendario apóstol Pablo para servir, liderar y viajar junto a él. Wow. ¡Qué oportunidad! ¿Por qué Timoteo? ¿Quién era Timoteo? ¿Qué requisitos cumplió para ser seleccionado? ¿Fue por haber estudiado en las mejores universidades del Nuevo Testamento o por sus evidentes habilidades oratorias? La respuesta es probablemente un poco menos impresionante. Parece ser que su credibilidad y su probada constancia fueron los principales motivos.

La increíble dinámica de la relación entre el apóstol Pablo y el joven discípulo Timoteo es digna de ser estudiada. No hay duda de que su relación no fue solamente única, sino también ungida y planeada para los propósitos del Reino.

Incluso después de todos estos años, cuando leo la Palabra de Dios, descubro nueva revelación a medida que mi amor por su Palabra aumenta. Esto es lo que pasa cuando lees un libro que está vivo. Buscar los tesoros infinitos de la inmutable e inalterable Palabra de Dios es un gozo y un privilegio que no doy por sentado. Mi estudio personal de los viajes misioneros registrados en el libro de Hechos me llevó a escribir hace poco una serie de mensajes sobre los primeros viajes de Pablo junto a su compañero novato. Fue durante ese estudio cuando las cualidades de Timoteo me enseñaron una gran lección. Leí los pasajes y me puse a analizar los matices del texto. Echa un vistazo a este: "Después llegó a Derbe y a Listra. Había allí cierto discípulo llamado Timoteo, hijo de una mujer judía creyente, pero de padre griego; y daban buen testimonio de él los hermanos que estaban en Listra y en Iconio. Quiso Pablo que este fuera con él" (16:1–3).

¿Lo pillas? "Había allí *cierto* discípulo llamado Timoteo, hijo de una *cierta* mujer judía creyente, pero de padre griego".

Qué forma tan extraña de describir a alguien, pero no es casual. Creo que el autor de Hechos estaba tratando de comunicar algo profundo. No se trataba de "otro" Timoteo más o de "algún" hijo de una mujer judía.

Había sido escogido personalmente por el legendario apóstol con un sentimiento de certeza. Era la garantía de que Timoteo se trataba de la elección de Dios para ser el joven cómplice del ministerio de Pablo y su compañero de viaje en su próxima aventura misionera, un viaje que no era para cobardes. Nada que ver con unas vacaciones de verano o algunas visitas turísticas. Se trataba de un viaje severo lleno de peligros, todos bien registrados en los escritos de Lucas y Pablo. Me encanta pensar en que este joven, e incluso su familia, fueron apartados para la tarea a la que Cristo los llamaba, elegidos mucho antes de que Pablo los buscara.

Creo que lo mismo podría decirse de ti. Así que, antes de sumergirnos más en este capítulo y enfocarnos en las cualidades fundamentales que nos abren camino, quiero recordarte la certeza de Dios al escogerte, formarte y llamarte a su gloriosa luz. Es con certeza y seguridad que Dios salva, llama, comisiona y llena de gracia a cada uno de nosotros.

Todo aquello que en tu corazón sientes que tienes que llevar a cabo, esa siembra divina en la que vives actualmente, Dios estaba seguro cuando te llamó. Romanos 11:29 dice: "porque los dones y el llamamiento de Dios son irrevocables" (LBLA). Es decir, son definitivos, inalterables y *ciertos*. Así pasó también con el profeta Jeremías:

«Antes que te formara en el vientre, te conocí,

y antes que nacieras, te santifiqué,

te di por profeta a las naciones.» (Jeremías 1:5)

Creo que no vendría mal tampoco mencionar que Timoteo fue *escogido* por Dios y *seleccionado* por Pablo probablemente debido a su corazón de siervo y su carácter dispuesto. El servicio y el sacrificio rara vez pasan inadvertidos.

Una Fe Genuina

¿Qué significa tener una fe genuina? ¿Alguna vez has escuchado a alguien considerado como un "verdadero cristiano"? Yo anhelo ser un verdadero cristiano. Quiero que las personas que me ven como "el pastor ese de Hillsong" también me conozcan por ser una persona generosa, amable, paciente, amorosa y como Jesús fuera de la plataforma: en la cafetería de mi barrio, en la gasolinera o cuando estoy atascado en el tráfico. Me temo que a veces suspendo el examen del fruto del Espíritu. ¿Tú también?

Pablo llegó a la ciudad de Listra en busca del joven Timoteo. Los versículos que hemos examinado nos dicen que se hablaba bien de Timoteo en su ciudad natal. Tanto el libro de Hechos como las cartas de Timoteo describen a este joven discípulo como un seguidor leal, un aprendiz despierto, un líder joven (pero no novato) y un hijo digno de confianza con una plataforma llena de credibilidad. Además, al final Timoteo llegó a convertirse en el pastor de la iglesia de Éfeso. ¡No estamos hablando de una plataforma pequeña! Desconocemos la cantidad exacta de personas a las que alcanzó, pero muchos dicen que la iglesia en Éfeso atrajo a miles y dio a luz a todo tipo de ministerios.

Sin lugar a dudas, el éxito de Timoteo está directamente relacionado con su carácter. Pablo buscó a este joven discípulo por su integridad. De hecho, las primeras palabras registradas en la primera carta de Pablo hacia Timoteo son éstas: "A Timoteo, *verdadero* hijo en la fe: Gracia, misericordia y paz, de Dios nuestro Padre y de Cristo Jesús, nuestro Señor" (1 Timoteo 1:2). Pablo no duda en referirse al carácter de Timoteo como el de un hombre real, genuino y sin tacha. Creo que es la voluntad de Dios que tú y yo también vivamos con fidelidad, fieles a nosotros mismos, fieles en nuestras relaciones, fieles a nuestro liderazgo y llamado.

Mateo 7:15–20 en la versión The Message dice esto: "No os fiéis de los predicadores falsos que sonríen mucho, mientas chorrean honestidad ensayada. Lo más probable es que vayan a arrancártelo todo de una u otra manera. No te dejes impresionar por el carisma. Busca carácter. Lo que *son* los predicadores es más importante que lo que dicen". En este pasaje, Jesús estaba hablando de la hipocresía de los fariseos. A lo largo de los Evangelios, vemos cómo estos hombres religiosos no eran fieles a sí mismos. La mayoría de las veces, decían una cosa y hacían otra.

¿Alguna vez alguien así te ha herido? La hipocresía hace daño a la iglesia. Daña a la novia de Cristo y desilusiona a los verdaderos seguidores de Jesús. Y todos somos culpables de ello de una manera u otra. Pero la vida de Timoteo es un ejemplo a seguir. Su autenticidad es lo que atrajo a Pablo hacia él, y le abrió puertas de oportunidad.

Nota aparte, permítame advertirte que no pongas en un pedestal a pastores, maestros y líderes. La Biblia dice en Santiago 3:1 que los maestros serán juzgados más estrictamente por lo que sale de sus bocas, pero eso déjaselo a Dios y no deposites esperanzas en ellos que ni tú mismo tienes sobre ti.

Bobbie recuerda los inicios de la Iglesia Hillsong, cuando nos reuníamos en una escuela. Varias familias preparaban con esmero las sillas y el escenario cada semana, mientras que muchos otros miembros del equipo se preparaban y oraban fuera por la reunión, en la parte de atrás. Un día en concreto, cuando entré al auditorio justo antes de que empezara la reunión, uno de los niños que estaba esperando pacientemente mientras sus padres servían, suspiró bien fuerte y dijo: "Oh, ¡menos mal! Ahora ya podemos empezar. ¡Dios está aquí!"

El mero hecho de pensarlo me hace reír (Si yo fuera Dios, ¡se armaría una buena!), pero hay tanta gente que deposita sus esperanzas en el ejemplo de un líder, en la vida de otro ser humano imperfecto, elevando a esas personas a posiciones mucho más altas de donde deberían estar. Y aunque es bíblico que los líderes deben llevar una vida intachable (lee 1 Timoneo 3:2), la gran mayoría de divisiones a lo largo de los años son consecuencia de la caída de pastores que no cumplieron con las expectativas o, peor aún, que perdieron el rumbo por sí mismos. La verdad es que todos somos llamados, ungidos y necesarios en el cuerpo de Cristo. Todos tenemos un papel que desempeñar y una carga que llevar que requiere lealtad, honestidad, autenticidad y fe genuina.

Grandes cosas suceden cuando vivimos desde la autenticidad. Puedo testificar de ello. La actitud de Timoteo le abrió camino a la increíble oportunidad de aprender del mejor. Pablo se volcó en Timoteo, y por ello, deberíamos estar muy agradecidos, ya que la fe genuina de Timoteo trajo vida a la iglesia primitiva.

No Cualificado

Aquí tienes otro paso en el progreso de Timoteo como fructífero servidor de Dios:

> Quiso Pablo que este fuera con él; y tomándolo, lo circuncidó por causa de los judíos que había en aquellos lugares, pues todos sabían que su padre era griego. Al pasar por las ciudades, les comunicaban las decisiones que habían acordado los apóstoles y los ancianos que estaban en Jerusalén, para que las guardaran. Así que las iglesias eran animadas en la fe y aumentaban en número cada día. (Hechos 16:3–5)

Tal vez parezca extraño que Pablo comparta detalles tan íntimos como la circuncisión de Timoteo con todas las generaciones futuras, pero su registro de estos hechos tenía un porqué.

¿Alguna vez te han dicho que no das la talla? ¿Que no encajas, que no estás a la altura o que no estás cualificado? Tal vez te hayas descalificado tú mismo. Quizá pienses que tu pasado te excluye automáticamente de las oportunidades que otros tienen. Esta es la belleza del evangelio y la especialidad de nuestro Salvador. Nadie se queda fuera, ni siquiera el hijo incircunciso de un hombre griego que se movía entre círculos judíos.

Se trataba de una línea divisoria, una estaca en el suelo. Timoteo era considerado judío por su madre judía, pero si continuaba incircunciso, su ministerio se convertiría en una piedra de tropiezo para la mayoría de judíos con los que se encontrase. Fue por el bien del evangelio que Timoteo se sometió a este doloroso ritual, para no descalificarse a sí mismo de aquello a lo que Cristo le había llamado.

En nuestro camino hacia el descubrimiento de aquello que Dios tiene para nosotros, todos, sin excepción, nos toparemos con momentos de duda, desánimo e intimidación. Es algo inevitable cuando ganas influencia y marcas un impacto. Sin embargo, Pablo nos instruye, de la misma manera que instruyó a Timoteo:

Ninguno tenga en poco tu juventud, sino sé ejemplo de los creyentes en palabra, conducta, amor, espíritu, fe y pureza. Entre tanto que voy, ocúpate en la lectura, la exhortación y la enseñanza. No descuides el don que hay en ti, que te fue dado mediante profecía con la imposición de las manos del presbiterio. Ocúpate en estas cosas; permanece en ellas, para que tu aprovechamiento sea manifiesto a todos. Ten cuidado de ti mismo y de la doctrina; persiste en ello, pues haciendo esto te salvarás a ti mismo y a los que te escuchen. (1 Timoteo 4:12–16)

Servir a Dios puede acabar siendo muchas cosas. En ese momento, Pablo estaba exhortando a Timoteo a estar seguro del llamado de Dios para su vida, en medio de todo tipo de presiones y razones para estar inseguro. Su edad, su falta de experiencia, las opiniones de los demás y las preocupaciones podían fácilmente distraer a Timoteo del motivo real por el que estaba allí. Pero Pablo le estaba diciendo, de hecho: "Lo primero es lo primero. Manténlo así. No dejes que la intimidación determine tu poder. No permitas que las personas se tomen a la ligera el don que hay en ti. Deja que tu ejemplo hable por ti".

Me encanta este último punto. ¿Sabías que no hay registro en la Biblia de ni siquiera una frase pronunciada por Timoteo? Así es, ¡nunca lo oímos hablar! Pero Timoteo no necesitaba decir nada, porque su *vida* hablaba por sí sola. ¿Podría decirse lo mismo de ti?

No seas tibio en cuanto a tu desarrollo personal. Cuando Pablo le dijo a Timoteo que prestara atención a la lectura, la exhortación y la doctrina, realmente le estaba diciendo: "Presta atención y entrégate a tus estudios". Del mismo modo, no descuides lo que Dios ha depositado en tu vida. Comprométete a leer la Palabra y plántate en la casa de Dios, donde podrás aprender, crecer y ser animado por otros creyentes.

Pablo termina diciéndole a Timoteo que debe mirar por él: "Cuida de las personas que te he confiado y cuida de ti mismo". La longevidad requiere que cuidemos de nosotros mismos. Hace años descubrí que Don Invencible no existe. No soy indestructible, así que para desempeñar mi papel como pastor, esposo, padre y amigo, yo también tenía que "mirar por mí mismo". ¿Y tú?

No permitas que otros te descalifiquen del camino que estás destinado a tomar. Y de la misma manera, procura no descalificarte a ti mismo tomando malas decisiones. Recuerda, los líderes no siempre *parecen* líderes. Siempre me he sentido llamado a arriesgarme por aquellas personas que a ojos de otros pueden parecer poco aptas, porque siento que eso es lo que Dios siempre ha hecho conmigo. Busca credibilidad y autenticidad. Es lo único que no se puede cambiar.

La Plataforma de la Fidelidad

Medita conmigo en Deuteronomio 1:11 por un momento: "¡Jehová, DIOS de vuestros padres, os haga mil veces más numerosos de lo que ahora sois y os bendiga, como os ha prometido!"

Esta oración, pronunciada por Moisés sobre los hijos de Israel, pedía una bendición multiplicada por mil: más hijos, más fruto del que jamás hubieran podido imaginar. ¿Puede Dios soplar ese nivel de aumento sobre tus sueños? Sin duda, Él puede, siempre y cuando tus sueños estén edificados sobre la plataforma de la fidelidad.

Cuando vives con autenticidad, es fácil amarte. Es atractivo. Te conviertes en un imán. Atraes favor y oportunidad y a personas que te ayudarán a entrar a lo mejor de Dios para tu vida.

Se suele decir que deberíamos preocuparnos por la profundidad de nuestro ministerio y dejar que Dios se preocupe por su alcance. Y es totalmente cierto. Si impregnas tu vida de autenticidad, credibilidad y consistencia, Dios será quien traiga el aumento.

Uno de mis mejores amigos lleva siendo parte de mi vida desde hace más de treinta años. Es un exitoso hombre de negocios que ha soportado los altibajos de la economía así como la alegría de prosperar y la pérdida devastadora que van de la mano de las posesiones. Sin embargo, incluso en sus momentos más difíciles, su credibilidad y fidelidad han hecho que otras personas se mantuvieran a su lado y continuaran invirtiendo en sus sueños. Sin tales cualidades en su carácter, su negocio seguramente habría fracasado.

Vivamos con autenticidad. Seamos genuinos, honestos y fieles en nuestros matrimonios, amistades y acuerdos empresariales. El motivo por el que Pablo se volcó en Timoteo e invirtió en él fue porque Timoteo era un verdadero hijo, un hombre de credibilidad y autenticidad. Tus palabras tendrán más peso, tus oportunidades llegarán más lejos, y tus sueños tendrán una base más robusta sobre la cual edificarse cuando la fidelidad se convierta en tu plataforma.

Cada semana, tengo la oportunidad de estar sobre la plataforma de la Iglesia Hillsong. Pero tengo una plataforma aún mayor. Los cuarenta y cuatro años estando activo en el ministerio, los cuarenta años de matrimonio fiel con la mujer de mi juventud y los treinta y tres años como pastor de la misma iglesia me dan una plataforma de credibilidad y fidelidad que me lleva mucho más lejos de lo que me llevaría cualquier otra plataforma natural que edificara por mí mismo. A menudo me preguntan: "¿Cuánto tiempo tardas en prepararte un mensaje?" Y mi respuesta siempre es: "Sesenta y tres años" (o la edad que tenga en ese momento).

Hace poco, asistí al entierro de un amigo muy querido. Tenía setenta y cuatro años cuando falleció. En el funeral de celebración de su vida, su esposa de más de cincuenta años, sus hijos, cónyuges e incontables nietos llenaron el escenario, mirando a las cientos de personas que habían acudido a presentar sus últimos respetos a su esposo, padre, abuelo y amigo. Me hizo pensar: Mi amigo no había edificado aquella familia en un día. No había conocido a todas aquellas personas en los últimos dos años. En aquella sala, estaban representados setenta y cuatro años de edificar relaciones, de ir a obras de teatro en la escuela, de ir a ver partidos, de disciplinar y exhortar a jóvenes, de ser un hombre en el que apoyarse y una mano sobre la que sostenerse. Para algunas personas en aquella sala, se trataba de un vecino amable; para otras, era un amigo constante, un mentor, un maestro. Había edificado relaciones a lo largo de su vida, cosa que se hizo evidente en aquel día. La fidelidad edifica y permanece.

Del mismo modo, tengo un nuevo amigo, Bob Goff, autor de *El Amor Hace*, que pone su número de teléfono al final de sus libros. Cuando le preguntaron porqué, simplemente respondió: "Las personas más importantes de mi vida siempre han sido las más disponibles". Es una verdad simple y profunda que le ha llevado a tener muchas conversaciones interesantes, reuniones y encuentros inesperados. ¡Estoy seguro! La autenticidad, la credibilidad y la coherencia (el simple hecho de estar disponible cuando se te necesita) no pasan desapercibidas.

De hecho, la coherencia de nuestra visión, nuestro historial de fidelidad y nuestra fe auténtica en Cristo edificarán la plataforma para el "más" que hay en nuestros corazones. Si quieres marcar la diferencia y dejar un legado, debes vivir una vida de autenticidad, credibilidad y coherencia que inspire a otros a hacer lo mismo.

9

El Camino
y la Guerra

¡Qué extraños son los agroglifos o círculos en los cultivos! Me refiero a esos enormes círculos inexplicables y perfectamente simétricos en medio de grandes campos. Teniendo en cuenta las luces misteriosas, los misterios sin resolver, la ciencia ficción y las películas como ET, es evidente que los humanos siempre hemos estado intrigados por la posibilidad de otras formas de vida alternativas. Cientos de películas, fábulas y trabajos de investigación han tratado de documentar lo que la gente ha "visto" en el firmamento, a menudo explicado de manera lógica por algún escéptico o científico dudoso.

Pero si hubo alguien que atrajo la atención del mundo entero ese fue el catedrático Percival Lowell, un prestigioso hombre de negocios, matemático y astrónomo estadounidense, cuya investigación apareció en la portada del *New York Times* en agosto de 1907 con el titular "Marte habitado."[10] El profesor había identificado ciertos canales en el Planeta

---

10   David W. Dunlap, "Life on Mars? You Read It Here First," *New York Times,* 1 de Octubre, 2015, www.nytimes.com/2015/09/30/insider/life-on-mars-you-read-it-here-first.html?_r=1

Rojo de miles de kilómetros que, según él, eran demasiado largos y rectos como para tratarse de un fenómeno natural. Desde su observatorio en Flagstaff, Arizona, había estudiado estos canales con gran detalle y concluido que debían ser señales de vida sobrenatural. Extraterrestres que vivían y trabajaban juntos en aquel planeta lejano. ¡Marcianos!

El público quedó fascinado con su investigación, pero la comunidad científica se mantuvo escéptica. Otros científicos intentaron ver lo que él veía, y el gobierno de los EE.UU. fabricó incluso un telescopio más grande y más potente para profundizar en la investigación. Años más tarde, la teoría de Lowell quedó desacreditada y no solo eso, sino que algunos incluso llegaron a afirmar que lo que realmente había visto reflejado eran las venas rojas de sus propios ojos como consecuencia de un fallo en su telescopio, ¡haciéndole creer que lo que veía eran canales sobre la superficie de Marte! Lo que Lowell pensó que era un fenómeno sobrenatural resulto ser en realidad uno natural. ¡Qué vergüenza!

Cuando caminamos hacia vidas de "más", nos topamos con obstáculos tanto espirituales como naturales. Abrir nuevos caminos siempre trae consigo nuevas batallas, y es crucial que identifiquemos correctamente el tipo de batalla a la que nos enfrentamos porque influirá en la forma en la que nos enfrentamos a los desafíos, lidiamos con las consecuencias y caminamos coherentemente por nuestro día a día, tanto en los buenos días como en los malos, y ¡eso es lo que realmente importa!

¿Te ha pasado? ¿Te has topado con obstáculos espirituales que se han manifestado de manera natural? Quizá te sientes atrás en tu crecimiento espiritual, lo cual te desmotiva en lo natural para llevar a cabo cosas como alabar, leer tu Biblia o asistir a la iglesia. A menudo, lo que creemos que es un problema espiritual es simplemente uno natural. Por otro lado, puede que estés enfrentando un problema natural que en realidad tiene una solución espiritual. O quizás estás experimentando oposición como consecuencia de las posibilidades espirituales para tu vida. Deja que te lo explique.

Cuando empezamos como pioneros la Iglesia Hillsong, nuestro coche familiar era un Datsun 180b. Se trataba de un cupé rojo descolorido con un espumoso techo de vinilo negro. Tristemente, nuestro pequeño parecía haber pasado por ambas guerras mundiales. Y no solo eso, sino que también tenía un grave problema de oxidación, lo que hizo que las autoridades locales consideraran que nuestra única forma de transporte era insegura y no estaba en buenas condiciones para poder seguir circulando. En aquella época, encontrar dinero para el combustible semanal ya era una lucha, así que ni se nos ocurrió pensar en cubrir el coste de que le extrajeran el óxido, pintarlo de nuevo y hacerle las reparaciones necesarias para mantener a nuestro coche de principios de los setenta en circulación. Necesitábamos el coche no solo para ir a la iglesia junto con nuestros dos pequeños, sino también para recoger a la gran cantidad de personas que traíamos cada semana a las reuniones. El avance se estancó cuando dejamos el coche a un lado.

¿Sabías que tu vida espiritual puede parecerse a mi pequeño automóvil? Mucha gente ora por una respuesta espiritual a sus problemas naturales. Es como si estuvieran imponiendo manos sobre el techo de su viejo y destartalado coche, aún cuando es poco probable que algo cambie si no le ponen gasolina en el tanque. ¡Ahí lo dejo!

No malinterpretes lo que estoy diciendo. La oración por milagros (avance sobrenatural) ante problemas naturales (enfermedad y dolor) es sumamente importante, y Dios se preocupa profundamente por esas cosas. Y de la misma manera que Dios se preocupa por nuestros problemas naturales también cuida de nuestras preocupaciones espirituales. Pero puede ser que muchos hayamos estancado el avance (como el de mi coche) en nuestro caminar.

Cuando buscamos avances espirituales, a veces podemos dejar de progresar por no querer tomar las medidas necesarias y a menudo dolorosas en lo natural que traerán ese cambio. Dios ha puesto todo en su lugar para liberarnos y traer respuestas a cada área de nuestra vida, pero primero debemos comprometernos a permanecer firmes en nuestra resolución de que nada se interpondrá a la vida que Dios tiene para nosotros.

El camino que te lleva a descubrir todo lo que Dios tiene para ti está pavimentado con hábitos naturales y entrega, que te impulsarán hacia la solución espiritual que estás buscando. De hecho, la vida natural y la espiritual fluyen perfectamente juntas si se lo permites.

De la misma manera, la oposición que a veces sentimos en nuestro día a día puede afectar negativamente a nuestra vida espiritual. Amigo, tienes a Dios de tu lado, y Él ha abierto puertas para ti tanto en lo natural como en lo sobrenatural. Desafortunadamente, muchas personas simplemente no están dispuestas a hacer el trabajo duro, también llamado transformación.

Creador y Corruptor

La humanidad estuvo exactamente dos capítulos y cinco versículos sin pecado. Sí, ¡solo fueron un par de capítulos!

El antiguo relato de Génesis explica cómo Dios entretejió la Tierra. Formó los océanos y con su voz, creó tanto la noche como el día. Y cuatro versículos después, la Biblia nos dice que el Señor vio que era bueno. Varias veces se repite que la creación del Señor era muy buena. Imagínate eso: ¡Llamar "bueno" a un mundo que actualmente cruje, tiembla y está agotado y podrido!

Pero no siempre fue una tierra chirriante, temblorosa, pobre y contaminada. Como sabes, nuestro Dios es creador. Él diseñó un mundo perfecto, libre de pecado y error, dolor y maldad. Antes de la caída del hombre, en tan solo dos capítulos y poco, Dios estableció los absolutos, las leyes, la comunión, el matrimonio, el trabajo, el descanso, la creatividad, la multiplicación, el sentido de propósito y el poder de elección, para su pueblo.

Todas estas cualidades naturales son obra de Dios, así que, claramente, no todo lo natural es resultado de la consecuencia destructiva del pecado. Independientemente de lo que te hayan enseñado hasta ahora, el Enemigo (Satanás) no podía destruir lo que Dios había creado. Pero sí podía *corromperlo*.

Y corromperlo es lo que hizo.

Por la tentación de Adán y Eva, el pecado entró en el mundo, dándole paso en la Tierra a los poderes de la oscuridad espiritual. Aquello que Dios había creado para bien ahora podía ser distorsionado y usado incorrectamente, maltratado y llevado por mal camino. Permite que me explique.

Dios creó la comida. La mayoría de nosotros amamos la comida. Fue creada para alimentar y nutrir nuestros cuerpos, pero cuando corrompemos el amor por la comida, puede convertirse en glotonería. De la misma manera, tener una imagen corporal distorsionada puede causar tanto obesidad como trastornos alimenticios, ambas, epidemias de la sociedad actual.

Este es un ejemplo muy real de un buen regalo de Dios siendo aberrante bajo el peso de la presión del Enemigo. Del mismo modo, Dios creó el sexo. ¡Y yo me alegro de que lo hiciera! Dentro del compromiso sagrado de un matrimonio saludable, el sexo es el plan de un Dios creativo y bueno. No solo para procrear, sino también por placer e intimidad, el sexo es un regalo. Pero por todas partes es fácil ver el resultado del sexo corrupto. Distorsionado, el sexo puede volverse lujurioso y las fuerzas espirituales de la oscuridad pueden convertirlo en una acción perversa con consecuencias destructivas y devastadoras.

Al ver la vida de esta manera, es fácil llegar a pensar que todo es malo. Un solo movimiento sobre el mando de la televisión puede llevarnos a ver las noticias mundiales, que constantemente nos bombardean con historias llenas de desesperación y horror: personas enfrentándose a enormes desafíos físicos como la guerra, las heridas y el abuso. Todos tenemos historias que contar si hablamos de batallas a las que nos hemos enfrentado en el mundo natural: la enfermedad de seres queridos, conversaciones difíciles con jefes, proyectos fracasados e informes desalentadores. Es fácil llegar a desarrollar una actitud que diga que la vida es demasiado dura.

Pero no tenemos por qué luchar constantemente contra el mundo natural. Más bien, debemos vivir dentro de la verdad de sus promesas victoriosas. Él ha vencido (lee Juan 16:33). Debemos ver los desafíos con ojos espirituales y sabiduría natural, y dirigir cada circunstancia para bien. *Este* es el camino hacia la vida abundante.

Déjame que te desafíe por un momento. ¿Sabías que Dios te ha equipado a través del Espíritu Santo y de su Palabra para caminar en absoluta libertad? ¿Crees que a veces buscamos respuestas espirituales simplemente porque queremos que Dios haga todo el trabajo? Mucha gente ora por liberación de su adicción al tabaco (o a alguna otra adicción destructiva) cuando la liberación ni siquiera es la respuesta. ¡Lo que necesitan es más bien un espíritu vencedor! Si tan sólo reconocieran quiénes son en Cristo, la fuerza a la que pueden tener acceso a través de su Palabra y el poder que les pertenece en el Espíritu Santo, podrían desarrollar la disciplina y el compromiso que necesitan para vivir como vencedores. (Nota aparte: Obviamente, el hecho de fumar en sí no te va a enviar al infierno, pero sí *es* una adicción que puedes vencer).

¿Entiendes lo que quiero decir? Puede que la solución necesite pasos naturales. Claro que necesitas la ayuda de Dios en el camino, pero no consideres equivocadamente su poder milagroso como un sustituto de la sabiduría y el trabajo. Te animo a tomar decisiones diarias que te permitan conquistar tus hábitos negativos y tus conductas destructivas.

Las respuestas espirituales son maravillosas. Un milagro inexplicable o un avance inesperado, una sanidad sobrenatural o las ventanas del cielo abriéndose con bendiciones desbordantes, ¡sí! ¡Qué increíble es que Jesús puede hacer y, realmente hace, que todas estas cosas sean posibles gracias a la victoria que ganó a nuestro favor! Agradezcámosle a Dios cada posibilidad milagrosa que Él trae a nuestro camino. Pero me parece interesante aprender de las Escrituras que, aunque sí hubo varias y múltiples ocasiones en las que Dios trajo liberación inmediata y espectacular a las personas, también hubo otros momentos en los que los problemas o las aflicciones mantuvieron a la gente atada y Él les dio, más bien, las *herramientas* que necesitaban para superarlo.

Al leer la Biblia, es difícil encontrar ejemplos en los que Dios traiga liberación inmediata a un problema de disciplina como puede ser el fumar o la adicción a algo. Por toda la Biblia, vemos que Dios liberó a su pueblo de cosas como plagas, pestes, diluvios, enfermedades, dolencias y fuerzas demoníacas. Todas estas cosas van más allá del control humano. Son cosas que solo Él tiene el poder de cambiar. Pero, ¿qué pasa con las cosas que tenemos el poder de cambiar por nosotros mismos? ¿Esperamos con demasiada frecuencia que Dios nos libere de algo que Él ya nos ha dado el poder de vencer?

Recuerda, el poder fortalecedor del Espíritu Santo habita dentro de ti. La Palabra de Dios, más cortante que cualquier espada de dos filos, está disponible para ti. Vas con su nombre, y la autoridad que necesitas está en el nombre de Jesús, el nombre que está por encima de cualquier poder imaginable que venga en tu contra. Esto significa que estás perfectamente preparado para levantarte, mantenerte firme y vivir como más que vencedor y conquistador en este mundo caído. El mismo poder que resucitó a Cristo de entre los muertos, ahora vive en ti, y su poder es el que te libera y te equipa para mantenerte en pie como un vencedor.

Así que supongo que tu gran pregunta es: "¿Cuándo me libera Dios y cuándo quiere que me levante yo, me mantenga firme y tome medidas naturales para vencer?" Buena pregunta.

Sé que los adictos a algo a menudo se sienten incapaces de vencer su propia adicción. Es probable que de verdad hayan intentado muchas veces y de muchas maneras ser libres de aquello que les ata. Se requiere mucha valentía y fuerza interior, que jamás debería ser infravalorada. Conozco a muchas personas que están convencidas de que Dios las ha liberado milagrosamente de la adicción, y ¡realmente creo que Él puede hacer tal cosa! Pero también creo que debemos estar preparados para aceptar el desafío de vivir según su Palabra y equiparnos con arsenal espiritual para la batalla. Reconoce que Dios te ha dado las herramientas para dejarlo ir. Ten la valentía de darte la vuelta. Levántate por encima y cambia la forma en la que piensas sobre tu problema para así poder avanzar. Como hemos visto anteriormente en este capítulo, tanto lo natural como lo espiritual fue creado por Dios, y la asociación de nuestra parte con su parte es interesante de estudiar.

Pequeños Pasos

Quiero que te fijes en el patrón de estas palabras del apóstol Pablo: "Así también está escrito: El primer HOMBRE, Adán, FUE HECHO ALMA VIVIENTE. El último Adán, espíritu que da vida. Sin embargo, el espiritual no es primero, sino el natural; luego el espiritual. El primer hombre es de la tierra, terrenal; el segundo hombre es del cielo" (1 Corintios 15:45–47, LBLA).

¿Te has fijado en el patrón? *Primero* lo natural y *luego* lo espiritual.

¿Sabes que lo que pones primero en tu vida determinará sin duda tu futuro? Por ejemplo, 1 Timoteo 3:5 nos dice: "El que no sabe gobernar su propia familia, ¿cómo podrá cuidar de la iglesia de Dios?" (NVI). En otras palabras, el cumplimiento de mi llamado, y del tuyo, empieza en nuestros hogares, en nuestro caminar personal con Jesús, en las decisiones diarias que tomamos y las disciplinas que aplicamos (en nuestras vidas naturales) para seguir a Dios hacia la provisión milagrosa y la abundancia, la bendición y el favor, la libertad y el cumplimiento de lo que Él ha preparado para nosotros.

Hay tantas cosas que tratan ruidosamente de llamar nuestra atención a diario: nuestros trabajos, niños, cónyuges, amigos, aficiones. No es la voluntad de Dios que te deshagas de alguno de ellos por el bien del ministerio o de tu realización espiritual. Más bien, Dios nos manda que pongamos nuestras vidas naturales en orden y luego, observemos cómo nuestras vidas espirituales empiezan a tomar una forma sana.

Dios le dijo a Abraham: "Anda y vive siempre delante de mí y sé perfecto (*intachable, sincero, completo*)" (Génesis 17:1, AMPC). Anda *siempre*: Creo que no es coincidencia que estas palabras se usen aquí. Nuestro andar, es decir, nuestros hábitos forman nuestros cimientos, y nuestros cimientos son extremadamente importantes cuando hablamos de caminar y luchar tanto en el ámbito natural como en el espiritual.

¿Qué significa "luchar" en el ámbito espiritual? Bueno, la Biblia nos deja bien claro que estamos en una batalla espiritual. De hecho, Efesios 6:10–20 habla de que nos pongamos toda la armadura de Dios: la verdad, la paz, la justicia, la fe y la salvación. ¿Forman tus hábitos esa clase de cimientos que te permiten tanto caminar en lo natural como luchar en el espíritu? ¿Son cimientos sobre los que Dios podría edificar?

Creo que el jugador más importante del partido en la NBA, el ganador del trofeo Heisman, los ganadores de la Liga de Campeones de la UEFA y los atletas que levantan su trofeo en la Copa del Mundo de Rugby saben exactamente a lo que me refiero. Comprenden que la gran victoria no llegó cuando recibieron el trofeo. La victoria llegó cuando decidieron entrenar diariamente, sacar buenas notas en el instituto, seguir las normas en la universidad y seguir escogiendo la opción más saludable en vez de comerse el menú número 5 de la hamburguesería o la pizza de aquella fiesta. La victoria llegó mientras salían a correr bien temprano por la mañana en días lluviosos, cuando la cama parecía tan atractiva, pero la disciplina exigía algo más que mediocridad.

Por favor, no te sientas condenado o desanimado en este punto. ¡Me estoy mayormente predicando a mí mismo en este capítulo! Yo también necesito constantemente volver a comprometerme con las disciplinas diarias resultantes de vivir una vida como vencedor, reconociendo que Dios tiene mucho más para mí en estos últimos años de mi viaje.

Realmente creo que han sido cuarenta y cuatro años de dar pequeños pasos en lo natural, de encomendar mi camino al Señor, ir a la escuela bíblica, vivir fielmente, ser diligente con nuestras finanzas y honesto en nuestras relaciones. Eso es lo que ha permitido que Bobbie y yo experimentemos la bendición espiritual y el avance que estamos viviendo hoy. La naturaleza floreciente de nuestra iglesia, de nuestro hogar y de nuestra vida privada tiene que ver mucho más con los pequeños pasos que tomamos para asegurar que nuestros cimientos estén bien que con la suerte o la providencia que algunos nos atribuyen. Me estremezco al pensar dónde estaríamos hoy sin la sublime gracia de Dios. Y es su gracia, no nuestro esfuerzo, la que da forma y guía nuestros pequeños pasos a lo largo del camino.

Probablemente hayas oído esta antigua frase: "Demasiado espiritual para cualquier bien terrenal". Creo que muchísimos cristianos se preocupan por poner en orden sus vidas espirituales, pero pasan por alto que sus pasos diarios también tienen un impacto valioso, eterno y duradero. Amigo, no podrás ser relevante ni significativo en el mundo que te rodea si no te das cuenta de que tu relación con Él es extremadamente importante. Tu vida devocional diaria, tu vida familiar, tu vida mental, tu vida relacional, tu vida laboral y tu vida privada son todas importantes para Dios y para tu testimonio como seguidor de Jesús.

Colosenses 1:17 dice: "Y él es antes que todas las cosas, y todas las cosas en él subsisten". *Todas* las cosas subsisten. Las cosas grandes *y* las cosas pequeñas.

El Camino y La Guerra

Reflexiona sobre esta sabia descripción de nuestra condición: "Aunque *andamos* en la carne, no *militamos* según la carne, porque las armas de nuestra milicia no son carnales, sino poderosas en Dios para la destrucción de fortalezas, derribando argumentos y toda altivez que se levanta contra el conocimiento de Dios, y llevando cautivo todo pensamiento a la obediencia a Cristo, y estando prontos a castigar toda desobediencia, cuando vuestra obediencia sea perfecta." (2 Corintios 10:3–6).

Caminar en el mundo natural y luchar en el ámbito espiritual: Esta es nuestra realidad. Así lo dice la Biblia. Pero como ya hemos visto, lo natural y lo espiritual no son fuerzas opuestas. No son mutuamente excluyentes de la otra. Cuando están redimidas, ambas pueden ir perfectamente de la mano.

A muchos de nosotros se nos da bien una, pero no las dos. Algunas personas son muy buenas batallando en el espíritu. Son los primeros en la reunión de oración y los últimos en irse. Su capacidad para discernir las necesidades de los demás y escuchar el susurro del Espíritu a menudo anima y levanta. Sin embargo, jamás pagan las facturas. Nunca cortan el césped de su jardín y sus coches son un desastre. Su falta de atención a las responsabilidades diarias de la vida provoca el caos.

A otros se les da bien el camino, pero son malísimos en la guerra. Son disciplinados y organizados. Su hogar y trabajo están en armonía, y son considerados como personas muy apañadas, que tienen todo bien controlado. Sin embargo, ante la primera señal de batalla espiritual, se desmoronan, aunque ahí es cuando Dios dice "Vestíos de toda la armadura de Dios, para que podáis estar firmes contra las asechanzas del diablo, porque no tenemos lucha contra sangre y carne, sino contra principados, contra potestades, contra los gobernadores de las tinieblas de este mundo, contra huestes espirituales de maldad en las regiones celestes. Por tanto, tomad toda la armadura de Dios, para que podáis resistir en el día malo y, habiendo acabado todo, estar firmes" (Efesios 6:11–13).

¿Contra qué estás luchando? ¿Cómo va tu camino y cómo va tu guerra? ¿A qué área de tu vida le falta el equilibrio que necesitas para avanzar? ¿Qué grandes respuestas espirituales buscas cuando, en realidad, las soluciones naturales ya están frente a ti?

Toma tu Vida Normal y Corriente

Lo natural y lo sobrenatural pueden ir de la mano a la perfección. Como les dijo Pablo a los Romanos: "Esto es lo que quiero que hagáis, Dios ayudándoos a ello: Tomad vuestro día a día, vuestra vida normal y corriente (vuestro dormir, comer, ir a trabajar y caminar por la vida) y colocadlo ante Dios como una ofrenda. Aceptar lo que Dios hace por vosotros es lo mejor que podéis hacer por Él" (Romanos 12:1, MSG).

Sé que esto suscita interrogantes. Permíteme que aborde, una a una, algunas de las preguntas que suelo escuchar sobre este tema.

"¿Cómo Puedo Conocer la Mente del Espíritu?"

He escuchado esta pregunta muchas veces a lo largo de mi caminar como pastor. Muchos de nosotros queremos saber qué hay en el corazón de Dios para nuestro futuro o qué está hablando el Espíritu. Sin embargo, no logramos afrontar el desorden que hay en nuestra propia mente. Me refiero a que la pregunta espiritual es "¿Cómo puedo conocer la mente del Espíritu?" pero la solución natural está en simplemente aclarar tu propia mente deshaciéndote del doble ánimo, la confusión y la duda, y ¡dando un paso adelante en fe! El escritor de Romanos 12:2 nos exhorta: "No os amoldéis al mundo actual, sino sed transformados mediante la renovación de vuestra mente. Así podréis comprobar cuál es la voluntad de Dios, buena, agradable y perfecta" (NVI).

Antes de poder conocer la mente del Espíritu, debes comprometerte con el proceso constante de renovar tu mente. Si tu cabeza está llena de negatividad y baja autoestima, si luchas constantemente con la ansiedad y la intranquilidad, eso es lo primero que debes abordar. Además de buscar respuestas espirituales, pide ayuda. Habla con alguien de confianza y trabaja para disminuir el "ruido" y cambiar el patrón de comportamiento que posiblemente te impide escuchar a Dios.

"¿Cómo Alcanzo el Potencial que Dios Me Ha Dado?"

Hace algunos años, dos jóvenes amigos estaban haciendo surf de buena mañana en la ciudad de Newcastle, ubicada a dos horas del norte de Sídney. Newcastle es una ciudad llena de belleza natural, con playas interminables y gran oleaje, conocida históricamente más por su industria que por el ámbito académico. Los dos jóvenes surfistas en el agua aquel día eran Lee Burns y Scott ("Sanga") Samways. Lee le dijo a Sanga que había estado pensando en la posibilidad de mudarse a Sídney para estudiar en Hillsong College. ¿Cómo iba él a imaginarse que Sanga también había estado buscando institutos bíblicos que pudieran prepararlo para el ministerio a tiempo completo? En aquel momento, el viejo amigo y compañero de surf de Lee respondió con entusiasmo que él también se inscribiría en Hillsong College. Ninguno de los dos sabía en aquel momento que su elección afectaría sus vidas para siempre.

Al llegar a la Iglesia Hillsong, estos dos hombres bien despiertos impresionaron bastante a sus compañeros de clase debido a su pelo suelto y largo, y a sus relajados comportamientos de surfistas. Pero ambos llegaron con hambre de aprender y se lanzaron de pleno a la vida universitaria y a una mayor implicación en la iglesia, llenos del entusiasmo de dos jóvenes con un sueño. Poco tiempo después, empezaron a ocupar importantes puestos de liderazgo en nuestro ministerio de jóvenes, a la vez que Lee también trabajaba a tiempo parcial llenando cajas y preparando pedidos en el almacén de Hillsong Music. Años después, me enteré de que la "música de fondo" que siempre ponía en el trabajo en realidad no era ni música. Casi siempre escuchaba enseñanzas y mensajes de importantes ministerios alrededor del mundo, devorando la Palabra de Dios con un apetito que en realidad jamás ha menguado.

Hoy en día, Dios ha guiado a Sanga, a su bella esposa búlgara (a quien conoció en Hillsong College), y a sus hijos a Newcastle como pastores de uno de los campus Hillsong de más rápido crecimiento. Sanga es, sin duda, uno de nuestros mejores predicadores. Su forma de comunicar es única e inigualable. Y Lee es el vicepresidente ejecutivo de Hillsong College, encargado de supervisar a una gran plantilla y a un cuerpo estudiantil de más de dos mil jóvenes procedentes de más de sesenta países. Y aunque Lee tiene una maravillosa familia en crecimiento y grandes responsabilidades debido a su exigente función, actualmente está estudiando para obtener su doctorado en teología, dedicándole muchas horas a la semana por encima de todas sus otras responsabilidades para equiparse a sí mismo y alcanzar todo su potencial. Ha sido toda una aventura, pasar de estar haciendo surf en una ciudad de clase trabajadora a tener las oportunidades e influencia global que hoy en día disfruta.

Las personas como Lee siempre me han impresionado porque toman responsabilidad propia y continúan ampliando sus estudios simplemente como un hábito de disciplina y obediencia. Nadie les ha pedido que lo hagan; pero por sí mismos reconocen que sus llamados podrían requerir más de lo que poseen en ese momento. Lee sabía que para llevar a cabo todo lo que Dios le estaba pidiendo, necesitaba tomar pasos prácticos y naturales que aumentasen su comprensión de lo sobrenatural.

Lee me recuerda a otro joven líder en el ministerio, a quien Pablo le dijo: "Esfuérzate para poder presentarte delante de Dios y recibir su aprobación. Sé un buen obrero, alguien que no tiene de qué avergonzarse y que explica correctamente la palabra de verdad" (2 Timoteo 2:15, NTV). Ahora bien, no malinterpretes la intención de este versículo. No te da permiso para que todo se base en esfuerzos ni dice que para ser aprobado por Dios, debas cumplir toda una lista de requisitos. Más bien, tómatelo como un desafío. ¿Te sientes estancado en tu avance hacia aquello a lo que Dios te ha llamado? Probablemente puedas dar algunos pasos prácticos para atravesar la barrera que te detiene.

"¿Cómo Experimento las Bendiciones del Cielo que Son como una 'Ventana Abierta'?"

La "ventana abierta" es una referencia al libro de Malaquías, donde Dios le hace una promesa a su pueblo, diciendo: "Probadme en esto —dice el Señor Todopoderoso—, y ved si no abro las compuertas del cielo y derramo sobre vosotros bendición hasta que sobreabunde." (3:10, NVI).

Con más frecuencia de lo que crees, a esta pregunta le sigue esta afirmación: "¡Ya diezmo un 10 por ciento cada fin de semana!" Puede que mi respuesta parezca un interrogatorio, pero sin dudarlo, preguntaría: "¿Eres sabio con tus finanzas? ¿Estás tomando buenas decisiones en tu día a día y recibiendo la clase de consejo necesaria para hacer planes de futuro de la manera adecuada?"

Las bendiciones financieras de Dios tienen que ver con tu diligencia en el ámbito natural así como con tu obediencia en el ámbito espiritual.

"¿Por qué Está el Diablo Atacando a Mi Familia?"

El Enemigo sabe cómo hacernos daño. Muchas veces no hay explicaciones para su elección de ataque, aunque sí sabemos que está intentando sacarnos del camino. Pero la Palabra de Dios nos da sabiduría en esta área también: "Vosotros, maridos, igualmente, vivid con ellas sabiamente, dando honor a la mujer como a vaso más frágil y como a coherederas de la gracia de la vida, para que vuestras oraciones no tengan estorbo." (1 Pedro 3:7). ¿Estás tratando a tu esposa (a tu esposo, a tu familia) con honor? ¿Los amas como Cristo amó a la iglesia? ¿O necesitas arrepentirte de tu manera de hablarles o actuar con aquellos que más amas? La Biblia es clara y dice que nuestras vidas espirituales pueden encontrarse con obstáculos si esta área natural no está en orden.

"¿Por qué Nuestra Iglesia No Experimenta Avivamiento?"

Durante muchos años, he visto a iglesias en todo el mundo orar por crecimiento. Algunas empiezan cada año con un ayuno de veintiún días o hacen reuniones diarias de oración. Otras incluso organizan caminatas de oración y señalan hacia el norte, sur, este y oeste, mientras atan demonios.

Constantemente le piden a Dios un avivamiento, pero parece que nunca llegan a avanzar. No estoy criticando ninguna de estas prácticas. Su entrega y desesperación son admirables. Pero quizás no hayan puesto atención a ciertos conceptos básicos, como podría ser crear un sentimiento genuino de "¡Bienvenido a casa!" o tener en cuenta algunos elementos fundamentales que no solo atraigan a la gente sino que también satisfagan algunas de sus necesidades prácticas.

Por ejemplo, quizás sus reuniones nunca comienzan a tiempo y nunca se sabe cuándo van a acabar. O tal vez dejan que los niños se descontrolen y distraigan a la gente de recibir la Palabra. O a lo mejor, las personas que hay en el liderazgo de la iglesia son tristemente malos mayordomos de sus finanzas. Cada una de estas cosas puede ser un obstáculo natural para las respuestas espirituales.

¿Te has parado a pensar en todos los obstáculos naturales de tu inmovilidad espiritual?

A principios del 2017, me paseé con orgullo por las nuevas instalaciones del Epicentre, el nuevo auditorio de nuestro campus en Hills. Este nuevo edificio iba a cobrar vida gracias a muchos años de dar y ofrendar con sacrificio. Me hizo mucha ilusión ver las nuevas instalaciones para los niños y jóvenes, y me quedé asombrado del esmero y los detalles que se habían tenido en cuenta durante su planificación para lograr que las familias con necesidades adicionales se sintieran también cómodas. Había hasta salas especialmente diseñadas para que los jóvenes con autismo pudieran ir a la iglesia y no sentirse sobrecogidos por ella.

Durante años, oramos para que nuestra iglesia tuviera un mayor alcance en nuestra comunidad y encontrara maneras de ser relevante y atractiva para las familias que se enfrentaban a desafíos adicionales. Pero no *solamente* oramos, también investigamos, planificamos y dimos con sacrificio durante mucho tiempo antes de estar en condiciones de construir. Dimos pasos naturales para asegurar que nuestras oraciones serían respondidas, y creo que el milagro sobrenatural tuvo lugar gracias a ambos, nuestro caminar natural y nuestra guerra espiritual.

Posibilidades Imposibles

Quizás, después de lo que llevas leído de capítulo, piensas: *Claro, Brian, pero tú no sabes a qué me estoy enfrentando. Mi familia es un desastre. La oposición que estamos experimentando en nuestro trabajo y ministerio es extrema, por no hablar de los desafíos en nuestra salud y la presión financiera.*

Sí, te entiendo. La vida puede ser impredecible y verdaderamente desalentadora, pero ten fe, amigo mío. La Biblia está llena de historias de posibilidades imposibles. Para Dios, todas las cosas son posibles. Por lo tanto, *con Él*, nada es imposible. El simple hecho de creer en Él significa que crees también en posibilidades imposibles, que te abrirán la puerta al reino de los milagros. Un milagro es una posibilidad imposible. La voluntad de Dios para nuestras vidas y el caminar en fe son posibilidades imposibles. La gracia es una posibilidad imposible. La salvación hace justos a los injustos. Eso en sí ya es una posibilidad imposible. El servir a Dios está lleno de posibilidades imposibles, pero siempre hay oposición y, a menudo, la mayor oposición no es externa sino interna.

Hace muchos años vivimos una experiencia que cambió nuestras vidas cuando Bobbie, Laura (nuestra hija) y yo viajamos a Uganda. Fuimos allí para ver, por primera vez, el trabajo de Compassion. Viajamos a una zona llamada Kasese, donde nuestra iglesia apadrina a miles de niños ugandeses ayudándolos a que reciban educación, atención médica, ropa y asesoramiento familiar continuo. Las carreteras eran precarias y el viaje, muy lento.

Durante nuestro viaje de vuelta, llegamos a un tramo largo que llevaba a una colina. A lo lejos, empecé a ver algo rodando cuesta abajo. Se trataba de un minibús con objetos volando por todas partes. Los frenos habían fallado y el autobús estaba fuera de control.

Tristemente, aquellos "objetos" resultaron ser personas. Fuimos los primeros en llegar al lugar del accidente. Había cuerpos esparcidos por todo el lugar. Algunas personas gritaban sin parar, otros gemían silenciosamente o simplemente estaban calladas, y algunos otros parecían estar muriéndose.

No sabíamos qué hacer. Mientras nuestros pastores de Hillsong Londres caminaban haciendo lo que podían, yo simplemente me puse a andar orando por la gente. Fue algo horrible de contemplar.

Un amigo paramédico me dijo una vez que cuando llegas a un accidente, no debes ir primero a los que gritan, sino a los que no hacen ruido. Los que gritan generalmente sufren lesiones externas, pero los que se mantienen en silencio, a menudo, sufren lesiones internas que son más demoledoras y amenazantes para la vida que los problemas externos. Siempre he recordado ese concepto, porque creo que también es verdad en la vida y en el ministerio.

La duda, la inseguridad, la procrastinación y el miedo son problemas internos. La posibilidad tiene mucha oposición, pero la oposición más poderosa que enfrentarás siempre será interna. Lo que pasa dentro de ti puede ser mucho más demoledor que lo que sucede fuera. Sin embargo, a menudo, lo que ves en el exterior es un reflejo de lo que está pasando dentro. Tu corazón puede sufrir daños debido a desamores y traiciones. La perspectiva con la que ves la vida puede estar contaminada por las cosas malas que te pasan, y es fácil construir un muro para así proteger tu corazón. Es sabio que protejas tu corazón de cosas dañinas, pero aislar tu corazón de Dios o alejarte de su guía podría llevarte a una espiral de tribulación tanto natural como espiritual.

Gana la Batalla Diaria

La vida del profeta Daniel me inspira. En Daniel 6:3, se le describe como alguien que tenía un "espíritu excelente". A pesar de enfrentar gran oposición durante casi toda su vida, Daniel no dejó de ganar batallas en su interior.

Creo que lo que había dentro de él fue lo que le abrió camino para avanzar hacia su futuro.

Atado a una tierra, lengua y cultura extranjeras en contra de su voluntad, sin nada que le fuera familiar y sin nadie en quien apoyarse, Daniel continuó ascendiendo hacia la cima. Obtuvo favor divino con tres reyes diferentes: Nabucodonosor, Darío y Ciro. E incluso cuando su comunidad se molestó con él por el ascenso de su condición social, no pudieron criticarlo, porque era fiel. Se las ingeniaron para usar su fidelidad a Dios contra él porque era lo único que podían hacer. Y lo atraparon, dando lugar a una de las historias de la Biblia más compartida: La liberación sobrenatural de Daniel de una manada de leones hambrientos (lee Daniel 6).

La oposición natural se enfrentaba a Daniel de forma rutinaria, pero la Biblia nos dice que él tenía fortaleza interna: "Daniel mismo se distinguía entre los ministros y los sátrapas, porque en él había excelencia de espíritu. Y el rey pensaba constituirlo sobre todo el reino" (versículo 3, RVA-2015). Daniel caminaba en bendición y prosperidad porque estaba sano por dentro.

Muy a menudo, cuando enfrentas persecución, no se trata de ti, sino del Dios al que sirves. El espíritu del anticristo, que está tan extendido, tratará de hacerte caer, pero haz como hizo Daniel: Sobresal. Decide que la posición de tu corazón va a ser la de un vencedor, la de alguien decidido a ganar las batallas diarias del ámbito natural que te llevarán a obtener favor espiritual. Así como hizo con Daniel, Dios te librará y te favorecerá pese a la oposición externa porque lo que hay dentro de ti es mucho mayor que lo que te ocurre.

Deja que Dios continúe obrando internamente en tu corazón y espíritu. Permítele que lo guíe y que haga su voluntad. Deja que tire abajo la oposición de tu corazón, la cual debilita su poder en ti. Vive tu vida siendo responsable de tu espíritu y corazón, y observa cómo Dios hace que te eleves por encima de cada circunstancia y desafío que enfrentes.

Y comprométete a ganar las batallas diarias. Las mediocres. Las cotidianas. Las *rutinarias*.

Continúa creciendo tanto en tu camino *como* en tu guerra. Edifica cimientos para el éxito espiritual basados en la decisión natural diaria de amar, perdonar y dejar ir. Sé el defensor de tu matrimonio. Sé el mayor motivador de tus hijos.

Sé el ánimo, la esperanza y la compasión que alguien necesita. Manténte constantemente lleno de fe ante cada nuevo día. Y observa cómo Dios toma tu habilidad natural y la convierte en una posibilidad espiritual sin fin.

10

Causando Problemas al Causante de Problemas

Las luces rojas y azules comenzaron a parpadear. Fue ahí cuando supe que estaba en problemas. Parecía otro día más, esperando después de la escuela junto a mi hermano mayor, Graeme, en la iglesia de la que mis padres eran pastores. A menudo, nuestra espera era larga, así que buscar maneras de romper la monotonía era lo cotidiano, cosa que significaba que las travesuras nunca andaban lejos.

Estábamos a tan solo una manzana de la oficina de la iglesia. Sabía que mis padres estaban allí trabajando, ajenos al caos que mi hermano y yo estábamos causando.

No habíamos planeado ningún daño, pero aquella pequeña moto estaba allí quieta, rogándonos que la lleváramos a dar una vuelta. Sabía que su propietario, un estudiante de la escuela bíblica, estaba en clase y era poco probable que fuera a necesitar su moto en unas horas, así que, ¿qué daño podía causar un pequeño paseo? Eso pensaba yo. Estábamos aburridos y la tentación era demasiado grande para aquel par de hermanos adolescentes.

Entré en pánico cuando vi al policía y traté de detener la moto arrastrando mis pies por el suelo. Ese hecho tan llamativo llamó su atención. Efectivamente, me señaló a un lado de la carretera, haciéndome señas para que me detuviera allí. Y supe que estaba en problemas.

Empecé a temblar cuando el oficial me pidió ver mi licencia. Obviamente, no tenía, ya que solo tenía trece años. Mi miedo al castigo se hizo mucho mayor que mi necesidad de aventuras, y el que recibí de mi padre fue suficiente para mantenerme en el buen camino durante mucho tiempo. Así que me gustaría decirte que esa fue la última vez que me metí en problemas, pero todos sabemos que no es verdad.

Mis años adolescentes y mis días en la universidad estuvieron marcados por divertidas travesuras, y en mi adultez, he seguido experimentando graciosas desdichas en mi propia vida. Me he chocado contra una puerta de vidrio con un hombro roto, me he resbalado por las escaleras con los calcetines puestos y, sin saberlo, me hice una especie de tira (al estilo cortacésped) en el pelo cuando me estaba afeitando justo antes de una de nuestras conferencias principales (porque se me olvidó colocar el peine correcto en la máquina).

He metido mis notas en un armario de las escobas desconocido y he cerrado con llave justo antes de tener que predicar un domingo por la mañana. Y me he golpeado la cabeza con el canto afilado de una puerta minutos antes de subirme a la plataforma en Baton Rouge, Louisiana, donde estaba a punto de hablar, en una conferencia de pastores, retransmitida en vivo por el canal de televisión Daystar (cosa que, dolorosamente, acabé haciendo con un chichón y un corte ensangrentado justo en medio de mi frente).

Ahora miro a la mayoría de estas circunstancias problemáticas y me río, pero ¿te has dado cuenta de que a algunas personas parece que les sigan los problemas? Sin embargo, no creo que nosotros, como seguidores de Cristo, estemos llamados a estar solamente en el extremo que recibe problemas.

¿El Causante o el Receptor de Problemas?

Al diablo, en su intento por desanimarnos, le encanta traer problemas a nuestro camino. Todos experimentamos crisis familiares, financieras y de salud en algún momento de la vida, las cuales suelen destrozar nuestros espíritus y detenernos en seco. La pena, el dolor, la pérdida y la angustia son instigadores de otros problemas graves, como la ansiedad y la depresión.

Me imagino que estarás cansado de leer libros que se refieren a las circunstancias desalentadoras, desesperantes y decepcionantes que enfrentas como "momentáneas y leves" (2 Corintios 4:17, RVA-2015). Y por mucho que pueda entender este versículo, no soy ajeno a aquellos problemas de la vida que son de todo *menos* momentáneos y leves. Sin embargo, el versículo que le precede hace que tenga que sentarme a prestarle atención, colocando de nuevo la lucha dentro de mi espíritu. "No nos desanimamos. Al contrario, aunque por fuera nos vamos desgastando, por dentro nos vamos renovando día tras día" (versículo 16, NVI).

Renovación interior, fortificación interna, un impulso que te empuja hacia adelante.

Esta es mi esperanza para ti. Oro para que descubras esa vida que avanza en lugar de retroceder, que vivas una vida que realmente le cause problemas a los poderes de la oscuridad en lugar de sucumbir ante ella.

No tengo dudas de que puedes hacerlo.

En Hechos 16, vemos el viaje de Pablo, Timoteo y Silas mientras ministraban por las naciones, incluyendo su parada crucial en Filipos de Macedonia. "Aconteció que mientras íbamos a la oración, nos salió al encuentro una muchacha que tenía espíritu de adivinación, la cual daba gran ganancia a sus amos, adivinando. Ésta, siguiendo a Pablo y a nosotros, gritaba: —¡Estos hombres son siervos del Dios Altísimo! Ellos os anuncian el camino de salvación" (versículos 16–17). ¿Te imaginas el incordio para Pablo y Silas? Los espíritus dentro de esta chica hacían que se comportara como una acosadora persiguiéndolos todos los días, a todas partes. Y por si no fuera suficiente con seguirlos, durante días se dedicó a interrumpir constantemente su ministerio con gritos incesantes. Como estaba poseída por un espíritu maligno, se puede deducir que su tono era burlón y su objetivo era desviar y distraer a Pablo y Silas y a sus seguidores del verdadero mensaje que venían a compartir. ¡No es de extrañar que Pablo estuviera "muy molesto" (versículo 18)!

Yo también he experimentado a esos reventadores. He visto a gente entrar a las reuniones de la iglesia borrachas, desequilibradas o queriendo desviar la atención de la Palabra de Dios. Están llenos de un espíritu de malas intenciones y totalmente empeñados en causar problemas. ¡No culpo a Pablo por su irritación! ¡Ya era suficiente! Así que, un día se dio la vuelta y le dijo al espíritu dentro de la esclava: "Te mando en el nombre de Jesucristo que salgas de ella" (versículo 18). Esto es lo que sucedió:

Y salió en aquella misma hora. Pero al ver sus amos que había salido la esperanza de su ganancia, prendieron a Pablo y a Silas, y los trajeron al foro, ante las autoridades.

Los presentaron a los magistrados y dijeron:

—Estos hombres, siendo judíos, *alborotan* nuestra ciudad. (versículos 18–20)

Desde Filipos, viajaron hasta Tesalónica, donde la gente rumoreaba en las calles que los mismos hombres que habían trastornado el mundo ahora estaban allí en su territorio, provocando el caos delante de sus narices. El siguiente viaje para estos apóstoles itinerantes fue Corinto, donde se pusieron furiosos al ver a Pablo enseñar a los nuevos creyentes a adorar. De allí, se fueron a Éfeso, provocando una gran revuelta entre los herreros de la plata que hasta entonces, sacaban grandes ganancias de las estatuillas de la diosa Diana que producían en masa. Como ves, el impacto potencial de estos hombres sobre su dudosa empresa los dejó temerosos y furiosos, ya que estos seguidores de Jesús estaban alejando de los dioses paganos a muchos.

Problemas, problemas y más problemas. Mientras predicaban a Cristo con poder, los discípulos incomodaban el sentido de familiaridad de la gente. En particular, los fariseos, los funcionarios del gobierno, los líderes religiosos y los no creyentes poco receptivos se sentían completamente amenazados por los cambios que veían en las personas, ya que sentían que se les estaba robando el control, el territorio, la conformidad y la contención. Sin el espíritu maligno dentro de ella, los dueños de la esclava no ganaban dinero, y así es como ¡perdieron el control!

Las buenas noticias continuaron extendiéndose, alcanzando Macedonia, Grecia y Turquía y haciendo que los líderes religiosos, en particular, se sintieran amenazados por el miedo abrumador de saber que estaban perdiendo terreno. La gente comenzó a liberarse de sus limitaciones religiosas y los líderes empezaron a perder la conformidad. ¡Cómo se atrevía Pablo a adorar fuera de la caja religiosa en la que lo esperado era que todos se conformaran! ¡Cómo se atrevía a hacer de Jesucristo su único objeto de adoración! A medida que las multitudes comenzaron a descubrir al Hijo de Dios, ese descubrimiento puso sus vidas y ciudades patas arriba. De hecho, el apóstol y sus compañeros de viaje fueron los que revolucionaron el mundo. Básicamente, le "causaron problemas al causante de problemas", y eso fue lo que hizo Jesús.

El Reino al Revés

Desde lo alto del Mar de Galilea, Jesús pronunció unas palabras llenas de verdad que marcaron la historia para siempre. Le dio la vuelta a la religión, abrió los ojos de los incrédulos y le dio un nuevo significado a los viejos ideales. Hizo añicos las ideas preconcebidas de sus seguidores y les hizo cuestionarse todo lo que hasta entonces conocían de la religión al desafiar la vieja doctrina diciendo cosas como: "Habéis oído que se dijo: 'Ojo por ojo y diente por diente.' Pero yo os digo: No resistáis al que os haga mal. Si alguien te da una bofetada en la mejilla derecha, vuélvele también la otra" (Mateo 5:38–39, NVI) o "Amad a vuestros enemigos y orad por quienes os persiguen" (v. 44, NVI). Jesús desconcertaba a la sabiduría del mundo.

Como creyente, tú también puedes poner tu mundo patas arriba. Solo tienes que desafiar la obra del Enemigo y liderar de una manera contracultural. Me encanta que nuestra creencia en el "ya pero todavía no" del Reino de Dios significa que el amor triunfa sobre el odio, la paz prevalece por encima del miedo, la esperanza está disponible para los desesperados y la belleza viene tras las cenizas. Me encanta que nuestras iglesias estén avanzando a pesar de los titulares en los medios que dicen que "la religión se está muriendo". Me encanta cuando nuestros jóvenes promueven la bondad y la compasión mientras el Enemigo bombardea a una generación con violencia y odio.

Sería más fácil poder decir que, como cristianos, no vamos a tener ningún problema, pero eso no sería verdad. Jesús mismo experimentó la muerte de amigos, el miedo al dolor y la herida del rechazo.

En Mateo 14, leemos que Jesús lloró la decapitación de su amado primo Juan el Bautista. La Biblia nos dice que buscó un lugar desolado para estar a solas con su dolor y en contra de su voluntad, se encontró con una multitud que deseaba ser ministrada. La respuesta de Jesús en ese preciso momento no solo molestó al diablo, sino que también empujó y expandió el Reino. Sanó a la gente. Oró. Ministró. Habló la palabra de Verdad y contempló cómo el Reino de Dios avanzaba en aquella colina.

Sí, debe haber un momento para reconocer nuestro problema: un tiempo para llorar y un tiempo para pedir sabiduría. Pero también debe haber una estabilidad interna que supere la pérdida, una lucha dentro de ti que preceda al dolor, un espíritu que diga: "Voy a causarle problemas al que me causa problemas. Voy a hacerle pagar por el dolor que me ha causado". Sí, busca un lugar desolado, pero no establezcas tu campamento allí. Puedes ir de visita, y eso está genial, y es hasta beneficioso, pero no habites allí. Observa cómo el Señor cumple su promesa de que día tras día, tras días, Él se va a encargar de traer esa renovación dentro de ti. Aférrate a la convicción de que, sí, el Reino está por venir, pero a la vez, ya ha llegado, está aquí, y debemos vivir como tal. El mundo en el que vivimos es un mundo caído, pero también es hecho nuevo todos los días. Las cosas malas suceden, los problemas siguen viniendo, pero debemos vivir como si el Reino también lo hiciera.

He visitado Getsemaní varias veces. En una visita reciente, me coloqué al lado de una cueva, con muy buenas vistas de las murallas de la

Ciudad Vieja, y allí medité sobre la soledad, la desesperación y la desolación de Jesús en aquel momento en el jardín. Pero tú y yo sabemos que Él ya no está allí. No se detuvo ni estableció un campamento en aquel lugar. Fue aquella pausa, aquel momento, aquella oración desesperada en aquel jardín lo que le empujó hacia adelante, a hacer suyo todo lo que estaba por venir.

Territorio Prometido

No hay duda: no hay territorio sin enemigos. En el 2002, Hillsong abrió por primera vez su centro de convenciones (hasta el día de hoy, nuestro lugar de reunión más grande). Fue un día increíble que hablaba de años de fidelidad, tanto de nuestra generosa congregación como del Señor. La bendición y el avance marcaron el momento en el que abrimos las puertas de nuestro nuevo auditorio y clavamos en el suelo la estaca de una iglesia que tenía la visión de crecer más allá de sus fronteras. El primer ministro de Australia fue nuestro invitado de honor. De hecho, vinieron líderes de todo el país, para prestarle atención a este emergente grupo de creyentes apasionados de un barrio periférico al noroeste de Sídney.

Ahí fue cuando comenzó el problema.

Años antes, me había sentado a escribir sobre la iglesia que imaginaba. Una de las líneas que escribí se hizo literalmente verdad cuando clavamos aquella estaca en el suelo. Decía: "Veo una Iglesia tan grande que la ciudad y la nación no podrán ignorarla". Y literalmente, así fue. Para ponerte en contexto, hasta aquel entonces, parecía como si nuestra iglesia, que ya era bastante conocida entre los creyentes de todos los continentes, no fuera realmente conocida por la Australia secular. A aquella estaca, le siguieron diez años de intenso escrutinio y cobertura mediática (en su mayoría negativa) por parte de casi todos los medios que te puedas imaginar. Las noticias trataban de comprender cómo una iglesia podía llenarse tanto de jóvenes como de ancianos, llenos de vida y, a menudo, hasta quedarse sin sillas, si en teoría la asistencia a la iglesia estaba menguando y el cristianismo se consideraba irrelevante. Criticaban lo que no podían o no querían comprender. Creo que se trataba de un ataque espiritual destinado a desanimar, descorazonar y perturbar un movimiento genuino del Espíritu Santo.

Creo firmemente que los edificios de las iglesias tienen algo que el diablo odia. La permanencia de los creyentes al clavar estacas reales en el suelo de sus ciudades y naciones irrita al Enemigo. Por cada vez que intentaron desacreditarnos, ahora tenemos más edificios en Australia, canciones de alabanza que llegan más lejos que nunca, una próspera universidad bíblica, un canal de televisión global y miles de personas que se reúnen cada semana en las principales ciudades de Europa, África, y América del Norte y del Sur. Y lo más importante de todo, multitud de personas semanalmente tienen un encuentro con Jesús, y cada vez, podemos hacer más para ayudar a los pobres y a los quebrantados de las ciudades donde la Iglesia Hillsong se reúne, así como a aquellos en lugares remotos como Alepo, en Siria, Bombay, en India y Gugulethu, en Sudáfrica. Se trata de un testimonio continuo y creciente de la fidelidad de Dios y la resiliencia de su iglesia. Pero no hay nada que genere más oposición que el progreso. Y si no, pregúntale a Josué.

Sé Fuerte y Valiente

En ninguna parte de la promesa se mencionaban problemas o enemigos. Me imagino que el corazón de Josué se le iba a salir del pecho cuando el Dios del universo le entregó la antigua promesa de Moisés acerca de un territorio nuevo y una gran esperanza de expansión:

Te prometo a ti lo mismo que le prometí a Moisés: "Dondequiera que pongan los pies los israelitas, estarán pisando la tierra que les he dado: desde el desierto del Neguev, al sur, hasta las montañas del Líbano, al norte; desde el río Éufrates, al oriente, hasta el mar Mediterráneo, al occidente, incluida toda la tierra de los hititas". Nadie podrá hacerte frente mientras vivas. Pues yo estaré contigo como estuve con Moisés. No te fallaré ni te abandonaré. (Josué 1:3–5, NTV)

Correcto. Ni rastro de problemas en esos versículos. Pero lee atentamente cómo sigue la promesa:

»Sé fuerte y valiente, porque tú serás quien guíe a este pueblo para que tome posesión de toda la tierra que juré a sus antepasados que les daría. Sé fuerte y muy valiente. Ten cuidado de obedecer todas las instrucciones que Moisés te dio. No te desvíes de ellas ni a la derecha ni a la izquierda. Entonces te irá bien en todo lo que hagas. Estudia constantemente este libro de instrucción. Medita en él de día y de noche para asegurarte de obedecer todo lo que allí está escrito. Solamente entonces prosperarás y te irá bien en todo lo que hagas. Mi mandato es: "¡Sé fuerte y valiente! No tengas miedo ni te desanimes, porque el Señor tu Dios está contigo dondequiera que vayas"». (versículos 6–9, NTV)

Espera un momento. Todavía nada. A mí me suena todo bastante increíble. Conozco a algunos empresarios y pastores (incluido yo mismo) a los que no les importaría recibir un poco más de territorio y una promesa de éxito. Si todo lugar que pisase iba a ser suyo, ¿por qué debía Josué ser valiente? Pero léelo con atención. ¿Qué le dice Dios a Josué tres veces? "Sé fuerte y valiente". Me pregunto si alguna vez se detuvo a preguntarse por qué.

Como has podido ver, el pasaje no menciona a los treinta y un reyes enemigos a los que se tuvo que enfrentar *antes* de que se cumpliera la promesa (lee Josué 12). Tampoco habla de las batallas interminables, los problemas y los gobernantes que se levantaban contra Josué y su pueblo cada vez que avanzaban hacia el territorio que Dios les había prometido.

No te sorprendas, querido lector, cuando el Enemigo se alce contra ti justo en el momento en el que estés yendo hacia tu promesa. No te escandalices ante las batallas que enfrentas y la angustia que se produce cuando luchas por nuevo territorio. Cuando ganas territorio, ¡el diablo lo *pierde*! Cuando sirves a Jesús, su voluntad es que avances hacia una vida de abundancia y promesas sobreabundantes, pero no llegarán sin oposición. Así como lo quiso para Josué, Dios también quiere hacer que tu vida avance, y tal como le pasó a Josué, habrá reyes a los que derrotar.

No te desanimes, querido pastor, cuando tu iglesia prospera internamente, cuando ves salvación, crecimiento y avance, y entonces empiezas a experimentar problemas financieros. Las tácticas del Enemigo van en proporción directa a tu avance: Cuando tu iglesia experimenta bendición, hay salvación y las personas son impactadas, el diablo hará todo lo posible para detener tu progreso. Cuando Dios hace lo sobrenatural en medio de ti, con sanidades y bendiciones, provisiones y milagros, los corazones cínicos comenzarán a intentar minar tu credibilidad. Tal vez hayas oído decir que cuanto más alto es el árbol, más sopla el viento. Pero la Palabra de Dios nos deja claro que no debemos tener miedo de tomar territorio. Debemos entender que aunque haya oposición, Dios nos ha llamado a permanecer firmes, a ganar, no a perder. La Gran Comisión se enfoca en hacer avanzar el Reino de Dios y mostrarle a la gente la salvación. Al avanzar en la voluntad de Dios, ¡te convertirás en un problema para el causante de problemas!

La Biblia nos dice en Mateo 16:18 que las puertas del infierno no prevalecerán. No sé tú, pero yo nunca he sido atacado por una puerta. Las puertas no atacan, defienden. Y, ¡ni siquiera las puertas del infierno pueden detener lo que Dios está haciendo!

Isaías 59:19 (RVC) dice así:

> Ciertamente el enemigo vendrá como un río caudaloso,
> pero el espíritu del Señor desplegará su bandera contra él.

Es fácil pensar que el Enemigo va a venir *contra* nosotros como un río de problemas, pero una vez me dijeron que si cambias la coma de sitio, la frase debería traer más aliento que miedo. Y por eso me gusta recordarle a mi congregación que "cuando el enemigo venga [pausa] *como un río caudaloso,* el espíritu del Señor desplegará su bandera contra él".

Nuestro Dios siempre prevalece. Oro que sigas viendo los propósitos de Dios haciéndote avanzar y que a medida que tomas nuevo territorio, tu expectativa sea que Dios de verdad se convierta en tu ayuda segura en momentos de angustia. No retrocedas. Sé fuerte y valiente y conquista nueva tierra. Mira hacia arriba y hacia afuera y verás las promesas que el Señor te ha dado.

No Te Calles

Las fortalezas comienzan en el silencio. Realmente creo que la cultura en la que vivimos quiere que la iglesia guarde silencio. El mundo dice que la iglesia debería limitarse a estar en edificios históricos con órganos silenciosos y cifras en decadencia. Pero creo que si queremos causarle problemas al que nos los causa a nosotros, deberíamos estar subiendo el volumen y aumentando la influencia.

Poco después de silenciar a la adivina en Filipos, la gente influyente empezó a sentirse molesta por la difusión del mensaje del evangelio y el impacto transformador que tenía en las vidas de las personas. Así que, decidieron que ya era suficiente, y mandaron a Pablo y Silas a la cárcel. Esta historia despierta mi espíritu porque lo que los liberó fue su alabanza. La Biblia dice que fue "a medianoche" cuando los dos hombres comenzaron a cantar (lee Hechos 16:25). En su canción, encontraron no solo fuerzas, sino también gozo en el día de su angustia. De la misma manera, creo que nuestra alabanza rompe el silencio, abre puertas de las prisiones de otros y libera a los cautivos.

Al diablo le encantaría tenerte atado y controlado. Le encantaría controlar tu vida, tus finanzas y tus relaciones, evitando que empujes hacia adelante y hacia arriba, hacia el más que Dios tiene para ti. Él quiere que estés atado al miedo a la decepción, a la vergüenza de la culpa y a la trampa del pecado. Es asombroso cómo, a menudo, caemos en su plan de control cuando tratamos de controlar por nosotros mismos nuestros problemas, al preocuparnos o buscar solamente soluciones naturales.

Pero cuando le entregamos a Cristo el control de nuestras vidas y de nuestros problemas, entonces, estamos negándole territorio al Enemigo, y la libertad puede entrar como un río.

El rey David bailaba como un loco. Los salmos hablan de su adoración, e incluso cuando su esposa trató de limitarlo con sus intentos de contención, David se puso a bailar más aún.

No quisiera jamás limitar a la gente con la pequeñez que puede haber en mi propio espíritu. Todo mi ministerio está enfocado en equipar y empoderar a las personas para que lleguen a ser todo lo que Dios las ha llamado a ser. Y deseo lo mismo para ti también. No limites a las personas. No los hagas pequeños al pensar en pequeño. De la misma manera, no permitas que otros te hagan sentir así. Deja que la alabanza, la comunión y la oración transformen tu pensamiento. Vive en voz alta, de tal forma que el Enemigo se quede sin fortalezas en tu vida. Los líderes religiosos en Corinto se enfadaron cuando Pablo se puso a enseñar a las personas a adorar "contra la Ley" (Hechos 18:13). Pero si Jesús es la fuente, no hay condenación ni contención en Cristo. Más bien, nuestra adoración debería estar caracterizada por la libertad, por la decisión de honrar a Dios con nuestros labios y nuestras vidas.

Realmente te animo a que le niegues al Enemigo su placer. Vive con visión, conéctala a la causa del Reino y haz de tu vida una fortaleza de resistencia, avance y bendición. Para evitar que el diablo tenga ventaja alguna, rodéate de buenas personas. Entiende el poder que tiene la comunidad a la hora de desbaratar los planes del Enemigo.

Puedes vencer aquello que se te opone (tentación, pecado, miedo, desánimo, depresión, preocupación, desesperanza, adicción, ira, rendición, engaño, cansancio, agotamiento, estrés, angustia, malas elecciones, falta de sabiduría, adicciones, inseguridad, falta de confianza, enfermedad, dolor, traición, desamor, recaídas, confusión) cuando vives una vida que desafía y resiste al diablo. Podemos ser libres ante cualquiera de estas circunstancias si estamos marcados por el fruto del Espíritu: amor, gozo, paz, paciencia, benignidad, bondad, fe, mansedumbre y dominio propio. Ante la injusticia, podemos poner la otra mejilla. Ante la enfermedad, podemos proclamar sanidad eterna. Ante la falta natural, podemos proclamar abundancia espiritual. Podemos traer problemas a los planes del Enemigo con los que él intentaba causarnos problemas.

Ahora es el momento. Siembra la Palabra de Dios en tu corazón y decide vivir en búsqueda de todas las promesas de Dios, de sus *abundantes* promesas. Hoy es día de levantarse, ponerse de pie, ser atrevido, ser valiente y ser ruidoso. Hoy es día de causarle problemas al causante de problemas y entrar a las promesas de Dios, que van excesivamente por encima de lo que pudiéramos pedir o imaginar.

11

Gracia Poco Común y Milagros Inusuales

Creo en milagros. En los inexplicables. En los grandes. En los pequeños. En los de cada día. En los inusuales. He experimentado milagros. He recibido milagros y he pedido milagros. Da igual en qué época estemos o en qué país del mundo te encuentres, si entras a la Iglesia Hillsong durante cualquier fin de semana del año, lo más probable es que escuches a personas dando gracias. Somos una iglesia que celebra las buenas noticias. De la misma manera que oramos por las necesidades de las personas (cosa que también hacemos durante cada reunión), elevamos nuestra alabanza y gratitud a Dios por los buenos testimonios que están teniendo lugar en las vidas de las personas de nuestra comunidad. Le damos gracias por los grandes milagros y por los pequeños. Celebramos los triunfos e incluso, aunque solo sea por un momento, aplaudimos cada oración contestada.

He visto a familias recibir bendiciones anónimas, a personas recibir sanidad inexplicable, a médicos asombrarse por un avance inusual, a empresarios recibir éxito poco común y a personas ser salvas, restauradas y traídas de vuelta a una relación con Jesús de la manera más extraordinaria.

De manera similar, he visto a personas luchar a través de oraciones sin respuesta y experimentar el dolor de situaciones que no acabaron como habían pedido. He visto a padres que oraron e incluso dieron a luz a bebés que jamás llegaron a respirar en sus brazos. He visto a buenos hombres y mujeres arrodillarse ante enormes pérdidas apiladas sobre más pérdidas.

He visto a la muerte llegar de manera inesperada, así como la he visto venir lentamente pese a las fieles oraciones de muchos. Me gustaría poder decir que cada una de mis oraciones ha resultado en milagros pero, por supuesto, no sería verdad.

Ha habido importantes decepciones también. Aún así, he visto a personas salir de ambos, milagros y decepción, declarando con seguridad que siempre van a creer en un Dios que hace lo extraordinario. Muchas veces he animado a la gente a no rebajar su teología al nivel de su experiencia, sino a comprometerse a elevar su experiencia al nivel de su creencia.

Creo que orar por milagros es peligroso. Es valiente y aterrador, y desafía todo lo que la vida tiene de habitual en lo natural. ¿Y tú? ¿Sigues creyendo por milagros? ¿Estás orando por lo imposible y pidiéndole a Dios por aquello que otros consideran poco común, inusual o, incluso, inalcanzable?

Durante muchos años, una mujer de nuestra iglesia ocupó un puesto dentro de nuestro equipo de liderazgo, encargándose de nuestra colaboración con la comunidad. Recuerdo el día en el que se me acercó para decirme que se sentía llamada a presentarse para un cargo público. Pensé que estaba loca.

Su fe por conseguir un lugar en nuestro gobierno era inusual, y muchos consideraron que era algo inalcanzable, ya que tenía muchas circunstancias en su contra. Sin embargo, ella creyó a Dios y en lo que éste le había dicho. No solo consiguió un escaño en las siguientes elecciones, sino que ocupó su puesto durante doce años, ganándose el respeto de sus compañeros y votantes por igual gracias a su autenticidad y compromiso inquebrantable por mejorar la comunidad.

Así que, déjame que te lo pregunte de nuevo: ¿Estás acercándote a Dios con oraciones y peticiones que otros considerarían poco comunes, inusuales o inalcanzables? Si no lo estás, creo que deberías empezar a hacerlo.

Manifiesto Inusual

Todo lo relacionado con servir a Jesús es inusual, raro, poco común y extraordinario. Ya hemos visto que su Reino es un reino al revés y que el llamado a sus seguidores es contracultural.

Durante aquella noche estrellada en la que Jesús nació, una hueste angelical hizo una afirmación escandalosa cuando iluminó el cielo nocturno y declaró: "«¡Gloria a Dios en las alturas y en la tierra paz, buena voluntad para con los hombres!»" (Lucas 2:14). En una época llena de intranquilidad, marcada por gobernantes que luchaban por todo menos *por* la paz, esta declaración era radical: Realmente un nuevo Rey y un nuevo camino acababan de nacer.

Toda la vida de Jesús se caracterizó por encuentros y milagros inusuales. La gracia y la misericordia poco comunes definieron su presencia en la tierra. El Hijo de Dios vino al mundo con una declaración peligrosa. Su evangelio era un nuevo camino.

No solo su Sermón del Monte dejó a las personas asombradas de este hombre santo, sino que las Bienaventuranzas y el Padre Nuestro que le siguieron, nos proveen de un manifiesto subversivo por el que regirnos y vivir:

Bienaventurados los que tienen hambre y sed de justicia.
Bienaventurados los que lloran.

Bienaventurados los pacificadores.

Bendito eres cuando estás al límite de tus fuerzas.

(lee Mateo 5, MSG)

A simple vista, parece que las Bienaventuranzas traten sobre una vida de "menos" y, en parte, ¡es así! Apuntan a menos de lo absurdo y más de lo significativo, a menos ruido y más música, a menos de lo frenético y más descanso, a menos de lo que el mundo dice que es importante y más de aquello que a Dios le importa. El Reino de Dios se enfoca en *cómo de bien* y no en *cuánto*. En las Bienaventuranzas, el énfasis no está tanto en la ley, sino más bien, en la gracia. Se enfoca menos en las cosas externas y más en lo interno (los asuntos del corazón).

Enseñanza extraña, rara, poco común, atípica, extraordinaria, excepcional y sorprendente.

A lo largo de los siglos, declaraciones similares han resonado en lugares sagrados o por ondas de radio y se han abierto paso en los libros de historia. Martin Luther King Jr. se puso en los escalones del Monumento a Lincoln en 1963 y declaró: "Tengo un sueño". En 1776, trescientas colonias americanas se unieron en una revuelta contra las tropas británicas y crearon la Declaración de la Independencia, que dio a luz a una nueva nación y se abrió camino de una forma contracultural.

Sin embargo, no todas las declaraciones son dignas de ser repetidas. Adolf Hitler anunció sus ideologías políticas y declaró su poder a través de su manifiesto en prisión, *Mein Kampf*, el cual persuadió a toda una nación con su retorcido sentimiento de seguridad y malévola narrativa.

¿Qué declara el manifiesto de tu vida?

Era una tarde de verano y mis nietos entraban y salían corriendo de nuestra casa, jugando al pilla justo donde está la enorme y pesada puerta de madera maciza de la entrada, la cual se abría y cerraba todos los días. Poco después del juego, mientras los niños estaban en el salón completamente agotados, un gran golpe hizo temblar toda la primera planta de nuestra casa. En seguida, nos dimos cuenta que la enorme puerta (demasiado pesada para que una sola persona pudiera levantarla) se había salido por completo de las bisagras y se había estrellado contra el suelo. (Más tarde, nos enteramos de que las bisagras estaban defectuosas). El daño fue grande, pero las consecuencias podrían haber sido mucho más devastadoras si alguno de los niños hubiera estado cerca en el momento del desplome.

Creo que vivimos en un mundo con bisagras defectuosas, un mundo que puede volverse inestable en cualquier momento en función de las declaraciones de la gente, tanto buenas como malas. Sin embargo, servimos a un Dios que es la bisagra de la historia. Si Jesús no es la pieza confiable que nos sujeta en los altibajos de cada día, todas las cosas se vuelven inestables, incapaces de soportar el peso de la puerta medio caída, chirriante e impredecible de la vida y la muerte, del bien y del mal.

Jesús puede estar en el centro de tu vida, colocado con seguridad y cuidado, para cerrarle la puerta a lo viejo, hiriente y doloroso, y abrirle la puerta a nuevos horizontes, planes y propósitos. Cuando Él está en el centro, el manifiesto de tu vida puede declarar la poderosa verdad de que el camino de Cristo, aunque es poco común, inusual y contracultural, es amor, gozo y paz para todos.

La declaración de Jesús siempre permitirá a las personas unirse en torno a una causa común, la misma causa por la cual Él vino al mundo: que todos puedan tener vida y la tengan al máximo.

Gente Poco Común

Era un día normal en Jerusalén. Imagino que el sol brillaba sobre la puerta de la ciudad cuando aquellos dos amigos que habían estado "molestando a la ciudad" iban juntos de camino al templo. Tal vez estaban inmersos en una conversación profunda, hablando sobre qué iban a predicar aquella tarde, cuando una voz cansada y áspera que pedía dinero les interrumpió.

Al fijarse un poco más, los dos hombres se dieron cuenta de que este mendigo tampoco podía caminar. La respuesta del discípulo mayor fue la de un hombre que esperaba ser utilizado por Dios, a pesar de sus defectos y humanidad.

Pedro pronunció estas poderosas palabras: "No tengo plata ni oro —declaró Pedro—, pero lo que tengo te doy. En el nombre de Jesucristo de Nazaret, ¡levántate y anda!" (Hechos 3:6, NVI). Al instante, aquel mendigo lisiado fue sanado y toda la comunidad de líderes y autoridades religiosas se quedaron asombrados de que un par de hombres normales y corrientes, y un tanto inusuales, pudieran ser usados por Dios para realizar tal milagro. "Al ver el valor de Pedro y de Juan, y como sabían que ellos eran gente del pueblo y sin mucha preparación, se maravillaron al reconocer que habían estado con Jesús." (4:13, RVC).

En aquel momento, Dios dejó del revés el antiguo prejuicio que decía que tenías que tener cierto prestigio social o ser de la nobleza para ser usado por el Señor. Lo que precisamente testificaba de su poder transformador y de su gracia era la naturaleza sencilla, normal e inusual de aquellos a través de los cuales Él había elegido obrar.

¿Alguna vez has sentido que no eras apto para una vida de favor inusual? Deberías saber que no eres el único. ¡Ninguno de los discípulos de Jesús estaba cualificado! No solo eso, sino que a menudo Dios usa lo común, normal e inusual que hay entre nosotros para mostrar su poder milagroso.

Da mucho que pensar saber que, hoy en día, Pedro y Juan no serían aptos para el ministerio en muchas denominaciones. Tenían demasiada poca preparación y nada de estudios. Prepararte para tu llamado muestra gran sabiduría y los estudios son una gran ventaja, pero al final, ninguna de las dos cosas puede reemplazar la gracia de Dios y la unción del Espíritu Santo.

Casi todos los discípulos, incluido Jesús, pertenecían a la clase artesana, no a la nobleza. Pescadores, trabajadores del lienzo y carpinteros. Es decir, artesanos. Te animo a que dejes que Dios (y nadie más) establezca los límites de tu vida. Sus caminos son excesivamente abundantes y superiores.

¿Alguna vez has escuchado el nombre de Ananías? ¿Sabes quién era y qué hizo? ¿Fue un gran predicador, un anciano, un diácono o un rey? La Biblia no nos cuenta nada extraordinario acerca de este hombre. Hechos 22:12 simplemente dice que era un "hombre devoto que observaba la ley y a quien respetaban mucho los judíos que allí vivían." (NVI). Pero fue Ananías a quien Dios envió para sanar a Saulo, el futuro apóstol, de su ceguera. Fue Ananías quien abrió el camino para que el extraordinario ministerio de Saulo, ya restaurado y sanado, se llevara a cabo. Un apóstol sanado por un discípulo. Algunos dicen, que lo ordinario confundió a los sabios, por las últimas palabras de Saulo (Pablo):

Hermanos, consideren su propio llamamiento: No muchos de ustedes son sabios, según criterios meramente humanos; ni son muchos los poderosos ni muchos los de noble cuna. Pero Dios escogió lo insensato del mundo para avergonzar a los sabios, y escogió lo débil del mundo para avergonzar a los poderosos.

También escogió Dios lo más bajo y despreciado, y lo que no es nada, para anular lo que es, a fin de que en su presencia nadie pueda jactarse. (1 Corintios 1:26–29, NVI)

Espero que esperes ser usado por Dios. Oro para que, aunque quizás solamente te sientas "la esposa del pastor" o "solo un contable" o "solo un padre que se queda en casa" o "solo el líder de un pequeño ministerio", hoy sepas que Dios quiere hacer algo inusual y extraordinario con las personas sobre las que pone su mano, incluyéndote a ti.

Es precisamente en los momentos en los que no nos sentimos aptos, sino más bien pequeños y sin importancia (en los momentos ordinarios, cotidianos, sencillos y tranquilos), cuando podemos escoger permitirle a Dios que nos hable, que sople sobre nosotros y nos use para su propósito. A pesar de nuestros defectos, todos podemos elegir abrir nuestras manos o alzar nuestros ojos o buscar en nuestros bolsillos o profundizar un poco más, para demostrar que nuestro extraordinario Dios usa a personas comunes y que sus caminos *son* raros, poco comunes e, incluso a veces, inusuales.

Milagros Inusuales

El sol se estaba poniendo en Newport Beach, California, mientras Bobbie y yo nos sentábamos a cenar con nuestros queridos amigos Nick y Christine Caine, esperando a que se uniera otra pareja más. Conocíamos a Matt y Laurie Crouch, pero a pesar de que mi programa de televisión llevaba muchos años retransmitiéndose a través de Trinity Broadcasting Network, nunca habíamos pasado mucho tiempo personal con ellos. Pero durante aquel año, toda nuestra iglesia estaba creyendo por milagros inusuales y, aquella noche, un *gran* milagro estaba a punto de suceder.

Matt es el presidente de TBN y, junto con Laurie, hacen un trabajo maravilloso liderando la red televisiva cristiana más grande del mundo hacia su segunda generación y futuro. La reunión casi no llega a ocurrir. Hubo un malentendido sobre la noche en la que habíamos quedado, así que nos sentamos y esperamos un buen rato a que llegaran. Al final, Christine le envió un mensaje a Laurie, que estaba disfrutando de una película con Matt, sin saber que habíamos quedado para reunirnos aquella noche. Salieron rápidamente del cine y vinieron directos al restaurante, donde estábamos empezando nuestros postres.

Tras sentarse a la mesa e intercambiar saludos, Matt se inclinó y me preguntó: "Brian, ¿alguna vez has pensado en un canal para Hillsong?

Tardé un momento en procesar su pregunta y luego dije: "Bueno, sí, lo he pensado, pero …" En realidad solo había pensado en un canal australiano, y no nos quedaba mucho para que eso se convirtiera en una realidad. Pero para mí, eso ya hubiera sido un milagro en sí mismo, sin siquiera llegar a concebir que Dios estaba a punto de hacer algo mucho más grande, algo más allá de lo que podía pedir, pensar o imaginar. La pregunta ciertamente me había dejado impactado. Matt definitivamente había captado toda mi atención (y eso que prestar atención no es mi punto fuerte).

Luego procedió a contarme más acerca de la gran antena parabólica que habían colocado a pocos kilómetros de la carretera cercana al lugar donde estábamos, justo fuera de sus estudios en Tustin. Se trataba de una antena que podía enviar múltiples señales a satélites, que a su vez, enviaban esas señales a varios continentes alrededor del mundo. Se puso a hablar sobre cómo podríamos ponerlo en marcha, y durante un rato bastante largo, me pregunté con curiosidad si lo que estaba escuchando era realmente lo que me estaba diciendo. ¿De verdad nos estaba invitando a ser parte de la familia de redes de Trinity Broadcasting, para cambiarle el nombre y hacer algo nuevo y creativo con el antiguo Church Channel?

Cuando finalmente se acabó la cena, me giré hacia mi amigo Nick y le pregunté: "¿Ha dicho lo que creo que ha dicho?"

Nick contestó: "Eso creo".

Entonces, le pedí que escribiera por puntos todo lo que habíamos hablado, para confirmar que lo había escuchado bien.

Bueno, adelanta ocho o nueve meses. Después de muchas conversaciones y reuniones, firmamos un contrato comercial formal marcado por la generosidad de esta pareja y el favor de Dios. Un poco antes de las 12 a.m. del 1 de junio de 2016, encendí la televisión con lágrimas en los ojos mientras empezaba la cuenta atrás hasta la retransmisión, que comenzó a la medianoche. ¡Qué milagro tan extraordinario e inusual!

Todavía me quedo asombrado cuando pienso en aquellos momentos y me siento abrumado por este milagro tan inusual. Jamás en la vida imaginé un regalo de tanta importancia y la oportunidad de tener tanta influencia en el sector televisivo. Hoy en día, contamos con un equipo creciente de personas que trabajan día y noche para traer vida, esperanza y ánimo a través de una programación única y un contenido innovador, que se retransmite las 24 horas del día, los 7 días de la semana, a los hogares de millones de espectadores, desde la parte más al sur hasta la más al norte de la Tierra. Realmente un milagro, y un gran paso de fe que requiere oración y apoyo constante. Pero no habría sido posible si Matt no hubiera sido obediente al Espíritu Santo y tan generoso en su corazón.

Me he dado cuenta de que la mayoría de los milagros son inusuales. Piensa en las historias más conocidas de la Biblia. Cuando Dios quiso liberar a su pueblo después del Éxodo, separó el Mar Rojo. Creó un camino seco entre dos grandes paredes de agua y luego, las volvió a unir para vencer al enemigo. Josué 10 nos habla de un día que no volverá a repetirse. El sol se detuvo para que el pueblo de Dios obtuviera la victoria. El Todopoderoso cerró las bocas de los leones, enfrió un horno de fuego y convirtió el agua en vino.

Me pregunto qué cosas inusuales puede hacer Dios en tu vida, y no solo *en* tu vida, sino también *a través* de ella.

El Nuevo Testamento dice que en el tiempo de los apóstoles, "Dios le dio a Pablo el poder para realizar milagros excepcionales. Cuando ponían sobre los enfermos pañuelos o delantales que apenas habían tocado la piel de Pablo, quedaban sanos de sus enfermedades y los espíritus malignos salían de ellos" (Hechos 19:11–12, NTV). Como Pablo, quiero vivir una vida que apunte a las personas hacia Jesús a través del don de milagros inusuales. Con el Espíritu Santo obrando en mí, quiero ser alguien que facilite la generosidad del Padre, un faro de salvación, esperanza y vida que apunte a otros hacia el Hijo. No subestimes lo que Dios quiere hacer en y a través de ti. No te olvides de pedir, buscar, tocar y anhelar toda la plenitud de sus dones y las riquezas de su voluntad.

Creo que Dios quiere que entres a toda tu herencia como hijo o hija del Altísimo. Los milagros sobrenaturales que transforman vidas son en realidad tu porción, y Dios quiere encontrarse contigo y obrar a través de ti de la manera más inusual.

Maneras Inusuales

Se llamaba Mark. Estaba pasando por una época terrible. No había visto a sus hijos desde hacía meses después de que su esposa lo dejara por otra persona. Poco después del fracaso de su segundo matrimonio, llegó su inesperado diagnóstico de cáncer. El peso de la vida era demasiado grande para soportarlo, por lo que Mark decidió ponerle fin a todo. El punto más alto de su ciudad era un lugar llamado Monte Gravatt. Cuando buscó el lugar en su GPS, supo que ese sería su último viaje.

Al acercarse al Monte Gravatt, el tráfico empezó a ir cada vez más lento hasta acabar yendo a paso de tortuga al pie de la montaña. Filas de coches se abrían paso hacia un gran aparcamiento que rodeaba un edificio lleno de gente. Personas con rostros amigables y chalecos fluorescentes dirigían las filas de coches hacia el amplio aparcamiento, y había un letrero gigante que decía "Bienvenido a casa" justo en la gran puerta de la entrada.

Mark siguió avanzando a regañadientes. Tras aparcar en la zona designada, se dio cuenta de que no había forma de salir de aquel aparcamiento, que estaba lleno de gente. Mientras se dirigía hacia aquel edificio, murmuró en voz baja: "Dios, esta es tu última oportunidad". Después de ser recibido por media docena de personas y luego, ser guiado hasta un asiento en aquel luminoso edificio en la base de aquella montaña, su vida cambió radicalmente en tan solo una noche.

Hoy en día, Mark es un voluntario muy entregado de nuestro campus en Brisbane, que sirve todos los fines de semana en el equipo de seguridad. Su vida estaba en ruinas hace más de tres años, después de que su esposa lo dejara con el corazón roto y le dieran aquel desalentador diagnóstico. Jamás hubiera imaginado encontrarse las luces encendidas de una iglesia al pie del monte desde el que iba a tirarse, pero era viernes por la noche, la multitud no cabía y acabaron haciéndole señas para que él también se uniera.

Durante aquella noche, Mark encontró a Jesús en nuestro creciente campus de Brisbane y desde entonces, se ha bautizado y ha restaurado la relación con sus hijos.

Dios, a veces, se encuentra con nosotros de la manera más inusual. Él empieza a actuar justo cuando nosotros llegamos a nuestro límite. Estamos llamados a vivir vidas inusuales, llamados a un propósito inusual, y caracterizados por una bendición inusual.

El día que Mark planeó suicidarse, se sentía como si ya no tuviera nada más que ofrecerle la vida: ninguna habilidad, nada bueno que aportar a la mesa. Ahora, cada semana, ayuda fielmente a dar la bienvenida y proteger a las personas en la iglesia que ama, la iglesia donde su vida fue transformada para siempre.

Éxodo 35 detalla el día en el que Moisés juntó a todo el pueblo y les mandó construir el tabernáculo, tal como el Señor había ordenado. Consiguió la ayuda de todo tipo de personas habilidosas y animó a todo el mundo a participar en la obra sagrada. En el versículo 35, el escritor describe a los últimos trabajadores escogidos: "El Señor los ha dotado de un talento especial en el arte de grabar, de diseñar, de tejer y bordar en hilo azul, púrpura y escarlata de lino fino. Ellos se destacan como artesanos y diseñadores" (NTV). *Talento inusual.*

Querido amigo, la obra del Señor, la Gran Comisión, y el llamado a edificar su casa requieren que todo el mundo participe. Sea lo que sea, busca aquello que te hace único, y tráelo a la mesa con toda la pasión y el entusiasmo del mundo. Decide que las fortalezas y dones que te hacen único van a ser apartados para llevar a cabo la obra del Señor, y empieza a hacerlo, sin importar lo inusual o poco común que los consideres.

Del mismo modo, si vamos a vivir nuestras vidas al máximo, debemos estar llenos de sabiduría inusual y comprometernos a tener influencia inusual. Zacarías era el portero que decidía quién entraba a la ciudad y quién no. La Biblia lo llama un "hombre de una sabiduría fuera de lo común" (1 Crónicas 26:14, NTV). Creo que nosotros también deberíamos pedirle a Dios este tipo de sabiduría; que tanto líderes como padres, como jóvenes deberían saber qué y a quién dejar entrar y qué mantener fuera de sus vidas. Sus destinos son demasiado importantes como para dejar entrar a cualquier cosa o persona. Creamos por sabiduría inusual en nuestras vidas cotidianas: sabiduría sobrenatural, profética, innata e intuitiva que desafíe lo que es habitual y común.

Sé alguien comprometido a escuchar al Espíritu Santo, a aprender, a descubrir aquello único que te ha sido entregado, y a buscar y encontrar el camino por el que el Señor quiere que vayas.

Gracia Poco Común

Supongo que el hecho de hablar de *gracia poco común* hace que nos preguntemos qué es la *gracia común*. En realidad, la naturaleza en sí de la gracia es completamente poco común. El amor extravagante que se nos mostró en la cruz del Calvario debería ser el catalizador de la profundidad y amplitud con la que vivimos vidas con propósito.

La gracia de Dios siempre es derrochadora (en el mejor sentido de la palabra) y nunca es merecida. Se derrama sobre nosotros una y otra vez cuando tomamos la decisión diaria de vivir por la revelación de Efesios 3, confiando, obedeciendo y creyendo por lo excedente, abundante y por encima.

Antes de concluir este capítulo, quiero exhortarte a que ores con atrevimiento, a que hagas declaraciones valientes y creas contra todo pronóstico por milagros inusuales. El amor y la gracia de Dios demandan lo mejor de nosotros y nos abren camino para que, no solo oremos por esas cosas, sino que caminemos en ellas. A partir de ahora, cuando creas con valentía y atrevimiento por milagros inusuales y ores de todo corazón lo que Jesús nos enseñó en Mateo 6:10 ("Hágase tu voluntad"), recuerda que su voluntad es más emocionante, inusual, salvaje y maravillosa que incluso tus mejores sueños. Como 2 Corintios 4:7 declara: "Pero tenemos este tesoro en vasijas de barro para que se vea que tan sublime poder viene de Dios y no de nosotros" (NVI).

La clave no está en la vasija común, en el recipiente normal, sino en la gracia poco común y el favor inusual que Dios nos ha otorgado. El precio que Jesús pagó es digno de nuestra mejor entrega. La declaración única, poco común, inusual, extraordinaria, infrecuente y peligrosa de la que somos portadores necesita una iglesia y un pueblo dispuesto a dar su vida para que ésta se lleve a cabo.

12

Nuevos Caminos
y Nuevos Ríos

¿Eres más de atardeceres o de amaneceres? ¿Vives en la costa este o en la costa oeste? (O como nuestro equipo de Hillsong Nueva York dice: ¿la costa oeste o la *mejor* costa?). Por supuesto, no todos vivimos cerca del agua, así que me pregunto cómo serán tus amaneceres o atardeceres. Ya sea en la llanura del desierto o en una cordillera, dándole la bienvenida al sol o despidiéndote de sus últimos rayos, ¡qué precioso lienzo pinta siempre el sol sobre el cielo!

Sídney está situada en la costa este de Australia. Tenemos el lujo de tener una magnífica playa tras otra a lo largo de toda la costa. No puedo quejarme por haber sido llamados a esta ciudad hace cuarenta años. Es el "excesivo, abundante y por encima" con el que Dios nos ha bendecido.

Y es, a las afueras del este de Sídney, donde he tenido el privilegio de despertarme muchas veces ante un amanecer dorado en la playa de Bondi, un paraíso de arena y grandes olas de fama mundial. En este precioso pedazo de creación, si te despiertas lo suficientemente temprano en un día despejado, podrás llegar a ver la belleza de Dios personificada en forma de un icónico amanecer australiano.

A medida que la noche empieza a rendirse a la luz de la mañana, primero se forma una sutil línea en el horizonte y, luego, cuando la línea empieza a brillar, cambia de forma y se convierte en un destello innegable que, de alguna manera, declara que hay mucho más por venir. Y así es, seguidamente, rayos dorados empiezan a asomarse por el horizonte. Resplandecientes y unidos con un propósito, se mueven con decisión hasta estar a la vista, anunciando que un nuevo día ha amanecido.

¿Y tú? ¿Has mirado más allá de las cortinas de tu habitación últimamente, para contemplar la viveza del horizonte al romper el alba o la luz del sol bailando a través de los árboles, creando sombras sobre las paredes? Cada amanecer es diferente. Cada día trae algo nuevo. ¿Te has parado a un lado de la carretera últimamente para respirar profundamente, absorber la frescura de un nuevo amanecer y recordar, con gratitud que, con Jesús, cada día está lleno de vida nueva, nuevas oportunidades, nueva gracia y bondad?

La Biblia lo expresa muy bien:

He aquí que yo hago cosa nueva;
pronto saldrá a luz, ¿no la conoceréis?
Otra vez abriré camino en el desierto
y ríos en la tierra estéril. (Isaías 43:19)

Y, ¿cómo es caminar por nuevos caminos y viajar por nuevos ríos?

Una Cosa Nueva

Todos necesitamos novedad. La anhelamos. Y debemos estar siempre buscando lo nuevo para reemplazar y refrescar lo viejo. Hemos hablado sobre cómo librarnos de viejos hábitos y lo que se necesita para tener una fe, un llamado y una coherencia anclados a Cristo.

Pero, ¿qué viene después? ¿Qué aspecto tiene para ti una "cosa nueva"? ¿Sabías que Dios anhela hacer algo nuevo en y a través de ti, no solo una vez sino todos los días? Quizás necesites una intervención sobrenatural. Tal vez esa "cosa nueva" para ti sea experimentar avance en medio de tu circunstancia. Tengo buenas noticias: Servimos a un Dios de avance.

Dios no solo liberó a los hijos de Israel de su cautiverio en Egipto abriendo el Mar Rojo, sino que intercedió por ellos en repetidas ocasiones, justo cuando más lo necesitaban. Les trajo libertad de su cautiverio, provisión cuando no tenían nada, y respuestas a sus oraciones cuando estaban al límite. Tanto la libertad como la provisión son promesas que acompañan a lo nuevo. ¿En qué área de tu vida necesitas un avance sobrenatural o la intervención, provisión y libertad de Dios? Recuerda, Él es un Dios de "más".

Quizás, aquello nuevo que tienes en tu mente y corazón, necesita del favor de Dios. De nuevo recuerda, Él es un Dios de favor. Él les dio a los hijos de Israel favor ante el faraón, cosa que los llevó a un camino de libertad y provisión en el desierto. Él le dio a su pueblo favor ante Ciro, el gobernante persa de Babilonia, que les permitió no solo regresar a su tierra sino también reconstruir el templo. Obtuvieron favor de la fuente más inesperada e improbable. ¿Podrías imaginarte al presidente de Irán financiando un ministerio cristiano en Jerusalén hoy en día? ¡Así de loco fue ese milagro!

Nuestro Dios sigue siendo un Dios de favor. Isaías nos lo recuerda muy bien:

El Señor [sinceramente] aguardará [esperando, mirando y
anhelando] para otorgaros su gracia, y, por tanto, será exaltado
para compadecerse de vosotros; porque el Señor es un Dios de
justicia; dichosos (felices, afortunados, envidiados) cuantos
[fervientemente] esperan en él [anhelan su victoria, su favor, su
amor, su paz, su gozo y, su incomparable comunión
ininterrumpida] (Isaías 30:18, AMPC)

El Señor quiere favorecerte y derramar Su misericordia sobre ti. Su compañía puede ser esa fuente de bendición y plenitud en tu vida que jamás llegaste a imaginar. Lo único que va a requerir es que simplemente permanezcas en relación con Jesús.

En los capítulos 9, 10 y 11, hemos hablado sobre los obstáculos, problemas y milagros característicos de todo viaje con Jesús. Pero me encanta la conversación que Dios tiene con Moisés en el Éxodo cuando, este cansado líder, le transmite al Padre los temores y las dudas de su pueblo. La respuesta de Dios a Moisés es esta: "—¿Por qué clamas a mí? Di a los hijos de Israel que marchen" (14:15, NVI). Quizás tú también has llegado al límite. Es posible que también anhelases algo nuevo, pero te has encontrado con un camino lleno de baches. Dios siempre abre un camino por el que seguir, solo tienes que continuar moviéndote. Él es siempre fiel a su Palabra y, como acabamos de leer, su Palabra declara nuevos caminos y nuevos ríos.

Declaraciones

Isaías 43 está lleno de declaraciones acerca de nuestro futuro. Dios te ve. Él te conoce. Se preocupa por ti y por aquello que te importa.

Me encanta escuchar testimonios de niños pequeños, cuando comparten el asombro que han sentido al recibir algo después de haber orado, como pudiera ser un cachorro. O cuando alguien ora por un sitio donde aparcar. Puede que te rías de aquellos que creen que al Dios del universo le importan las cosas tan triviales, pero yo no. Realmente creo que Él está tan entregado a nuestras vidas, tan comprometido con nuestro bienestar, con nuestro presente y nuestro futuro, que le encanta colmarnos de recordatorios de su bondad. Recordatorios como estos:

"¡Yo Me Encargo!"
El versículo 15 de Isaías 43 dice:

> Yo soy el Señor, su santo;
> soy su rey, el creador de Israel. (NVI)

Antes de entregar su promesa en los versículos siguientes, Dios declaró primero cuál era su título: Yo Soy. Y luego lo siguió de otros cuatro: el Señor, el Santo, el Creador y el Rey. En otras palabras, Él es capaz y está bien preparado para hacer algo nuevo.

¿Qué crees que puede hacer Dios este año o el próximo? ¿Puedes verlo ya en tu corazón y en tu mente? Dios se encarga. Puedes confiar en Él.

¿Vas a liberar tu fe y a aferrarte a las promesas que Él tiene para tu vida? ¿Vas a saltar a lo nuevo de pleno, sabiendo muy bien que sus títulos como Pastor, Salvador, Amigo y Rey no son meras palabras sino declaraciones reales de su poder y habilidad para guiarte, rescatarte, consolarte y llevarte con seguridad a nuevas épocas y a nuevos horizontes?

"Ya Lo He Hecho Antes"

El versículo 16 dice:

> Así dice el Señor, el que abrió un camino en el mar,
> una senda a través de las aguas impetuosas. (NVI)

No es solo poesía. Dios nos está llamando de nuevo a recordar que solo Él abre camino, un camino a través de lo intransitable. Ya lo hizo con los israelitas, y lo hará nuevamente por ti.

¿Por qué compartimos testimonios en la iglesia y dedicamos un tiempo a dar gracias? Porque a veces necesitamos que alguien nos recuerde que Él ya ha hecho por otros lo mismo que tú le estás pidiendo que haga por ti. Él *sigue* haciendo milagros. Él *sigue* soplando vida sobre las cosas muertas, y *seguirá* separando aguas poderosas y mares impetuosos para liberar a su pueblo. Él es capaz de encargarse de los sueños y deseos de tu corazón, y quiere tranquilizarte asegurándote que puedes confiar en Él, incluso con lo imposible.

"Voy a Hacerlo de Nuevo"

La última de las tres declaraciones tan increíbles que Dios nos da para recordarnos su bondad es esta:

> No recordéis las cosas anteriores
> ni consideréis las cosas del pasado. (versículo 18, LBLA)

Olvídate de las decepciones, los remordimientos y las pérdidas del pasado. ¡Expúlsalos de tu mente! Alza la mirada, observa el horizonte y visualiza el nuevo día que amanece.

De la misma manera que es común volver nuestra atención a los fallos del pasado, es muy fácil dejar que nuestra sensación merme nuestra trascendencia. La trascendencia está conectada al futuro y a todo lo que está por venir, mientras que la sensación se enfoca en lo que quedó atrás. Si eres de esas personas que mira al pasado, a los "días de gloria", ¿puedo animarte a recordar que tu trascendencia está en lo que tienes delante de ti, no detrás? Dios dice que va a hacer algo nuevo. "Pronto saldrá a luz" (versículo 19). ¿Estás esperando que Dios haga algo nuevo en tu vida? ¿Estás mirando hacia adelante para verlo? Lo nuevo no está detrás de ti, amigo mío. Ciertamente está delante.

Siempre me han hecho gracia las personas que llevan en la iglesia Hillsong mucho tiempo y hablan de hace veinte años con expresiones como "los buenos tiempos". Aunque es cierto que tuvimos días muy buenos por el camino, nunca llegamos a experimentar días como los que estamos disfrutando en este momento. Sí, nos lo pasábamos genial y Dios hacía cosas increíbles en medio de nosotros en el pasado, ¡pero jamás querría volver a ellos! En los últimos veinte años, hemos sido testigos de un gran crecimiento exponencial, de muchas vidas cambiadas y comunidades transformadas.

Los miembros de mi equipo se ríen de mí siempre que les explico que después de un domingo entero en la iglesia, me encanta sentarme en mi cómodo sillón y ver *Precious Memories (Recuerdos Preciosos)*, un programa televisivo de gospel que me trae muchos recuerdos, a la vez que me hace recordar viejas canciones que cantábamos en la iglesia, cuando a las canciones de alabanza las llamábamos "himnos", y solo el pastor dirigía a toda la congregación, moviendo los brazos como un director de orquesta. La banda vocal Gaither suele subirme la moral mientras me recuesto y canto esas canciones tan familiares. Pero, por mucho que disfrute de *Precious Memories (Recuerdos Preciosos)* por razones sentimentales, no soy de esos que añoran el pasado durante mucho tiempo. Cuando digo que lo mejor está por venir, lo digo en serio. Por lo general, "los buenos tiempos" en realidad no fueron tan buenos aunque lo parezcan cuando los recordamos. Las personas mayores, en particular, deben evitar acampar en el pasado y reflexionar sobre momentos que sus recuerdos han exagerado con el paso de los años. Claro que me encanta recordar y echarme unas risas con algunos buenos amigos, pero mi enfoque está siempre en lo que está delante.

Cuando Isaías profetizó que Dios iba a hacer algo nuevo, estaba exhortando a la gente a no mirar hacia atrás, a las cosas antiguas o anteriores, a las cosas que sucedieron durante la liberación milagrosa del pueblo de Dios de Egipto, cuando Moisés los condujo a través del mar. Les estaba recordando que también podían experimentar su liberación milagrosa en Babilonia, que Él aún podía transformar corazones de reyes y traer nuevos caminos de fe y ríos de provisión a sus circunstancias actuales.

Quiero celebrar el pasado, pero no quiero vivir en él. Quiero mantener mis ojos en el futuro, siempre expectante, esperando lo siguiente, lo nuevo que Dios está a punto de hacer.

Caminos y Ríos

Cuando Dios habló por medio del profeta Isaías y declaró que iba a hacer algo nuevo, luego añadió que lo nuevo abriría "camino en el desierto y ríos en la tierra estéril" (Isaías 43:19). ¡Qué imagen! Otras traducciones hablan de "un camino en la estepa" (BLP) y "ríos en la tierra árida y baldía" (NTV). Lo nuevo, lo de Dios, trae vida donde no la hay. También trae nueva vivacidad donde el viejo crecimiento ya no avanza. Lo nuevo, al igual que el amanecer, arroja luz sobre nuestra comodidad. Muestra el polvo en el suelo y nos ruega que lavemos las ventanas. Nos permite abrir los ojos y ver algo monótono con vida fresca y nuevos colores, librando a nuestros corazones de telarañas y a nuestras almas, de estancamiento.

Valoro a los amigos de toda la vida, a esos que están contigo en cada paso del camino. Hay cierta profundidad en las relaciones que solo se llega a lograr al viajar muchos kilómetros juntos. Para mí, Steve Penny es uno de esos amigos. Lleva siendo mi compañero en el ministerio y mi amigo desde hace mucho tiempo. Es único y tiene el don de animar a los demás camuflado bajo una fina capa de fanfarronería graciosa.

Cuando nos vimos en enero del 2015 para nuestro desayuno anual en la cafetería Aromas de la preciosa Noosa, en Queensland (un destino al que a Bobbie y a mí nos encantaba ir de vacaciones), Steve comenzó a hablarme sobre nuevos caminos y nuevos ríos. Este desayuno a principios de enero es ya una tradición que repetimos cada año y, a menudo, durante estas reuniones, las reflexiones y el don profético de Steve me ministran de manera personal. Cuando Steve comenzó a compartir su revelación sobre Isaías 43, resonó tan fuertemente dentro de mí, que supe que debía declararlo con valentía sobre nuestra iglesia en aquel año.

Es una declaración importante. Como bien sabes, los caminos te llevan a nuevos horizontes, nuevas posibilidades y nuevas oportunidades. Y los ríos son una fuente de suministro, provisión y recursos. Mi oración para ti es, que al descubrir más sobre el carácter de Dios y su deseo de que florezcas y crezcas, te encuentres a ti mismo recorriendo nuevos caminos y nuevos ríos.

Es una metáfora muy común, pero muy real: La vida es como un camino, como un viaje por sendas y épocas de crecimiento, oportunidades y experiencias. Como sabemos, estos caminos de la vida casi nunca son rectos, lisos y anchos como una autopista, ¡al menos no por mucho tiempo!

Proverbios 15:24 (LBLA) dice: "La senda de vida para el sabio es hacia arriba". Esa imagen me hace pensar en una senda serpenteante que conduce al pico de una montaña. Es difícil ver a lo lejos porque el camino se dobla y se retuerce con senderos empinados y angostos. En caminos así, a menudo debes detenerte para descansar y recuperar fuerzas antes de continuar. Este camino es para "el sabio", para el que entiende que su vida tiene un propósito que solo se desarrolla a lo largo del camino. Y cuanto más alto llegue uno, ¡mejor será la perspectiva!

No es siempre el ascenso más fácil, pero recuerda, ¡las vistas desde la cima siempre son gloriosas! ¿Significa esto algo para ti? ¿Te has atascado en alguna senda? ¿Sientes como si lo nuevo en el horizonte estuviera fuera de tu alcance?

No te desanimes. Dios abre camino. Mantente en el camino aunque vengan curvas y giros.

La naturaleza y el genio de nuestro Creador hace que, a menudo, un sendero serpenteante preceda al camino de un río. En el Reino de Dios, donde hay caminos, hay ríos. Al propósito de Dios le sigue su provisión. Serviría de poco tener nuevos caminos de oportunidad sin ríos de provisión para el viaje.

La Biblia tiene mucho que decir sobre los ríos. Por ejemplo, Jesús declaró: "—Si alguien tiene sed, venga a mí y beba. El que cree en mí, como dice la Escritura, de su interior brotarán *ríos de agua viva*" (Juan 7:37–38).

Ezequiel 47:1–12 habla de los ríos que fluyen del templo, dándole vida a todo mientras se abren camino hacia el Mar Muerto. Hace muchos años, Bobbie y yo visitamos Jordania y tuvimos la oportunidad de nadar en el Mar Muerto, que es una maravilla geográfica. Es el lugar más bajo de la tierra. Los ríos fluyen continuamente hacia esta masa de agua estancada. Aunque estaba asombrado por el significado bíblico e histórico del lugar en el que estábamos, no fue una experiencia que disfruté del todo. No le llaman el Mar Muerto porque sí. Es difícil describir la rareza que uno siente al estar flotando involuntariamente *sobre* la superficie del agua, con un nivel de salinidad que quema tus ojos, nariz, boca y cualquier otra parte de ti si no vas con cuidado. Pese a que me advirtieron que mantuviese los ojos cerrados, no sé cómo acabé con esa agua tóxica dentro. ¡Insoportable! Como nuestros amigos y pastores árabes de Amán nos mostraron, nuestra experiencia del Mar Muerto no iba a ser completa hasta que no nos uniéramos a los cientos de personas sentadas sobre aquellas orillas fangosas, que se cubrían de pies a cabeza con el barro marrón, que supuestamente "te sana".

Cuando pienso en los ríos que fluyen desde el templo de Jerusalén, una ciudad situada en lo alto de las colinas, y descienden hasta el punto más bajo de la tierra, trayendo vida al instante a todo lo que tocan, viene a mi mente una imagen realmente vívida. Lo que fluye desde la casa de Dios, la iglesia, también debería tocar cosas muertas haciendo que volviesen a la vida. Los ríos tienen agua viva; su naturaleza en sí está en movimiento y cambio constante. Al igual que un río, el evangelio no ha sido creado para estar encerrado; siempre fue pensado para ser compartido.

Del mismo modo, Miqueas 4:1 nos da la imagen de un río de personas que desemboca *en* el templo. Cuando pensamos en la casa de Dios, debemos creer continuamente por personas que entran y vidas que salen. Anhelo ver esa clase de vida fluyendo desde nuestras iglesias, tocando el pecado y la pobreza, la injusticia y la enfermedad, para traer ayuda, sanidad y nueva vida a aquello que estaba muerto. Oro que nuestras vidas e iglesias se conviertan en mapas de carretera hacia la salvación, en un testimonio de la fidelidad de Dios y en la fuente de innumerables ríos de vida y sanidad para otros.

La vida en Cristo tiene nuevos caminos de propósito y visión, y nuevos ríos de vida y provisión para ese camino. Ten fe. ¡Fija tus ojos en el horizonte! No te desanimes si los nuevos caminos traen consigo nuevos desafíos, porque los nuevos caminos de fe siempre te llevarán a nuevos ríos de bendición.

Desafío

Cuando Dios hace una declaración, a menudo está conectada con un desafío. Y el desafío generalmente se reduce a esto: *¿Lo vas a creer?* En este pasaje de Isaías 43 del que hemos estado hablando, el desafío de Dios para Israel y para nosotros hoy es: *¿Crees que voy a hacerlo por ti?*

Como seguidores de Cristo, estamos llamados a elevar nuestras creencias, por encima de lo que vemos con nuestros ojos naturales, a lo que Dios declara en su Palabra como verdad. 2 Corintios 5:7 lo resume así: "Por fe andamos, no por vista". Para aceptar y recibir todo lo que Dios ha planeado para tu vida, debes creer la promesa de que Él abrirá camino a través del desierto y los valles.

Hace muchos años, cuando Bobbie y yo llegamos por primera vez a Sídney, no teníamos ni idea de lo que Dios iba a hacer ni de lo que estaba por venir. Lo único que teníamos para proseguir eran las promesas de Dios y los sueños de nuestros corazones. El llamado de Dios es verdaderamente una aventura, con muchos desafíos y poca claridad en cuanto a lo que nos espera. Solo sabemos que ¡lo que nos ha prometido va a ser bueno! Es por eso que debemos asentar en nuestros corazones que se trata de un viaje navegado por fe, no por vista. Recuerda, independientemente del lugar al que Dios te lleve, Él siempre te proveerá de un camino para que llegues a tu destino.

Te lo vuelvo a preguntar: ¿Estás creyendo por cosas nuevas: nueva vida para tu trabajo, nueva energía para tu día, nueva provisión para tu futuro y nueva gracia para el viaje? Sé que hay más delante de ti. Sé que el camino puede parecer lleno de baches, el paisaje, vasto y el clima, seco. Pero servimos al Dios de "más", al Dios de lo nuevo. Así que, como una vez escuché a alguien decir: "Lo mejor está por venir". ¿Lo crees?

Asombrado y Sorprendido

Este capítulo se ha centrado en la declaración de Dios: "Fijaos en que yo hago algo nuevo" (Isaías 43:19, KJV). ¿Sabes lo que quiere decir *fijarse*? En realidad es algo así como "Contempla asombrado y sorprendido". En lenguaje moderno, está diciendo: "¡Wow!"

¿Por qué Dios dijo eso? ¿Hacia qué estaba tratando de llamar nuestra atención? Creo que su anuncio era una declaración de su carácter: *Yo soy Redentor.* El hecho de que quisiera que su pueblo se quedara asombrado y sorprendido no era solo para su beneficio, sino para anunciar esperanza para la humanidad a través de Jesucristo y la gracia del Evangelio.

Al declarar en fe un camino más allá de los setenta años de cautiverio de los israelitas, que conduciría hacia la libertad y la redención, Dios estaba llamando a su pueblo de lo viejo a lo nuevo. Estaba declarando cosas que aún no existían como si ya hubieran sucedido. Para Dios, ¡no había duda!

Hoy creo que el Señor nos diría: "¡Fijaos! Estoy haciendo algo nuevo". Él nos está llamando a salir de lo común para elevarnos por encima de nuestros aparentes límites. Nos está pidiendo que *veamos* y *respondamos* ante la preparación y el propósito que Él ha puesto en nuestras vidas y en la iglesia, su novia; que contemplemos lo que Él ha hecho, está haciendo y seguirá haciendo mientras vivimos rectamente, según la Palabra de Dios y con la visión de traer su Reino a la tierra.

¿Estás esperando que Dios haga algo nuevo en tu vida hoy mismo? Quizá todo esto puede parecer sobrecogedor cuando piensas en tus circunstancias actuales, pero ten ánimo y déjame que te recuerde que la Biblia declara que Dios ya ha abierto camino, ha preparado una senda por la que guiarte, y ha colocado ríos de provisión para que te refresques. "Si alguno tiene sed, que *venga* a mí y beba. Ríos de agua viva rebosarán y se derramarán desde lo más profundo de cualquiera que crea en mí de esta manera, tal como lo dice la Escritura" (Juan 7:38, MSG).

Hay tanto en el horizonte de tu vida. Te esperan tantas cosas. No te desanimes por los baches en el camino o los desvíos en el sendero. Jesús está en los detalles. Sigue confiando, pon tu fe en Dios y habla cosas *nuevas* en el desierto o en las épocas desérticas. Prueba y ve lo que Dios está haciendo en tu vida, en tus tareas y en todo el mundo, y quédate asombrado.

¿Qué sueños y deseos, esperanzas y milagros, oraciones y peticiones están despertándose dentro de ti mientras lees esto? ¿Lo esperas? ¿Puedes visualizarlo? ¿No lo sabes? Es invisible e inexplicable, pero nace de Dios, y pronto llegará el día en el que estos sueños y deseos florecerán porque Él los conoce y los declara incluso *antes* de que existan.

2 Corintios 5:17 habla de lo nuevo que Dios ha comenzado y está haciendo: "De modo que si alguno está en Cristo, nueva criatura es: las

cosas viejas pasaron; todas son hechas nuevas". No subestimes las cosas increíbles que Dios ha puesto en ti y lo que pueden llegar a ser cuando florezcan. ¿Qué estás contemplando? Acabamos siendo aquello que contemplamos. Si estás fijando por completo tus ojos en el rostro de Dios, buscando su corazón y viviendo según su voluntad, entonces, de ahí surgirá lo nuevo y milagroso: el *wow*. Ese es el lugar desde el que florecerán tus momentos de asombro y sorpresa.

Quiero que esperes nuevos caminos de oportunidad, nuevas posibilidades, milagros inusuales y nuevos horizontes en lugares aún intactos. Quiero que esperes más de lo que puedes pedir, soñar, pensar o imaginar. Cree que Dios está abriendo nuevas cimas desde las que tendrás una perspectiva increíble y está orquestando nuevos amaneceres que te harán abrir las ventanas con total expectación por lo que Dios está a punto de hacer.

El camino de los justos es como la primera luz del amanecer,
que brilla cada vez más hasta que el día alcanza todo su esplendor.
(Proverbios 4:18, NTV)

Permanece asombrado y sorpréndete.

13

Techos y Suelos

Piensa por un minuto en el equipo de baloncesto de los Chicago Bulls. ¿Cuál es el primer nombre que te viene a la mente? ¿Recuerdas el logo de Nike y la silueta de una pelota en perfecto equilibrio elevándose sobre la canasta, junto a un hombre, que sobresalía del resto? ¿Qué nombre dirías? Si preguntáramos a las multitudes quién fue el mejor jugador de baloncesto de todos los tiempos, sin duda, el nombre de Michael Jordan estaría en boca de la mayoría de personas. Realmente fue una gran estrella, un ícono del juego. Tal era la fama de esta leyenda deportiva, que su nombre es conocido incluso por aquellos a quienes no les importa mucho el deporte.

En 2009, Michael Jordan fue incluido en el Salón de la Fama del Baloncesto, y aunque su faceta como deportista nunca fue puesta en duda, su discurso de consagración mostró algo de este hombre que sorprendió a muchos. Todo el mundo sabía que era increíblemente competitivo, pero durante sus veinte minutos de discurso, Jordan se dirigió a sus hijos y les dijo que "lo sentía por ellos."[11] Jordan reflexionó

---

11   Jon Greenberg, "The Man Behind the Legend," *ESPN,* 12 de Septiembre, 2009, www.espn.com/chicago/columns/story?columnist=greenberg_jon&id=4468210

y compartió que nunca podrían estar a la altura del listón establecido por su famoso padre ni al nivel de competencia que disfrutó en sus días de gloria, y destacó la constante sombra bajo la que debían de vivir. Tal vez debido a su experiencia, Jordan veía las limitaciones que había en las habilidades de sus hijos, pero aún así, creo que no me hubiera gustado ser uno de esos niños aquel día. Puede que no hubiesen sido creados para ser leyendas del baloncesto. Tal vez habían sido dotados en otras áreas desde las que también podrían llegar a la cima.

No sé tú pero, como padre, jamás querría hacerle sombra a mis hijos. Mi esperanza y oración es que mis hijos hagan cosas mucho mayores que yo, que vean más de lo que yo he visto y experimenten más éxitos y bendiciones, alcanzando picos más altos que yo. Mi deseo es que, igual que hacían cuando eran pequeños, se suban (metafóricamente) a mi espalda, porque saben que mis hombros son lo suficientemente anchos y fuertes, no solo para sostener su peso sino también para elevarlos y lanzarlos hacia todos los nuevos proyectos y aventuras emocionantes a las que su viaje les lleve.

Nuestro Padre celestial desea lo mismo.

No hay límites para su amor, no hay envidias en su camino y no hay expectativas imposibles de cumplir que Él haya puesto sobre nuestros hombros. Él anhela que la humanidad se convierta en una historia de victoria, que jóvenes y ancianos trabajen y vivan juntos en armonía. Él desea que las generaciones transmitan la fidelidad de sus padres y los sacrificios de aquellos que vinieron antes.

Mi oración más grande es que mi techo se convierta en el suelo de la próxima generación.

Padres e Hijos

Tristemente, algunos padres son tan disfuncionales que dejan a sus hijos luchando con las consecuencias del dolor y del conflicto que ellos mismos padecieron durante sus vidas. Por supuesto, todos y cada uno de nosotros, como padres, hemos cometido algunos errores por el camino. Pero cuando pienso en padres sanos y funcionales, me vienen palabras a la mente como maduros, probados, conocidos, establecidos, experimentados y seguros.

Por el contrario, los hijos son "apuestas" mucho más arriesgadas, no probadas, principiantes, sin ningún intento o experiencia. Se podría decir mucho acerca de la sabiduría que viene con la edad y la experiencia y, otro tanto más, sobre la maravilla, la curiosidad y la innovación de las generaciones más jóvenes.

Mis hijos son arriesgados, mucho más que yo hoy en día. Haría falta mucha persuasión para acabar metiéndome en el agua cuando hay olas, cuando esas olas sureñas son más altas que mi casa. Pero mis hijos ven las olas grandes como una oportunidad irresistible, y compiten por ponerse sus trajes de baño y meterse en las aguas espumosas con sus tablas de surf.

Cuando Joel y Ben todavía eran adolescentes, les apasionaba hacer snowboard, así que, tomé la valiente decisión, con casi cincuenta años de edad, de dejar de ser un esquiador medio para convertirme en alguien que hacía snowboard por debajo de la media. La razón principal de mi cambio era poder pasar más tiempo con mis hijos, aunque cuando me llevaron a la pista más alta y empinada de toda la montaña, mientras me decían que "solo bajara", antes de desaparecer entre los árboles, tuve claro que nunca llegaría a alcanzarlos, aunque mis capacidades fueron mejorando lentamente.

Podemos aprender tanto de una generación que toma riesgos, de jóvenes que miran al futuro delante de ellos y lo ven como algo largo y atractivo. La iglesia siempre es la beneficiada cuando sus líderes no están contaminados por las decepciones de la vida, son libres de los caminos del pasado, y no se inmutan ante los desafíos que vendrán.

Jesús confrontó antiguas formas de pensar y prácticas irrelevantes cuando dijo: "Ni echa nadie vino nuevo en odres viejos. De hacerlo así, el vino hará reventar los odres y se arruinarán tanto el vino como los odres. Más bien, el vino nuevo se echa en odres nuevos" (Marcos 2:22, NVI). Hoy en día, gracias a nuestras elegantes botellas y al continuo acceso al agua, es difícil imaginar la necesidad de llevar una piel de cabra dentro de nuestro bolso. Pero en los tiempos de Jesús, la piel de cabra se cosía y se usaba para transportar tanto agua como vino. Cuando echaban vino nuevo en un odre, la piel se estiraba con facilidad y flexibilidad, pero si echaban demasiado vino nuevo en un odre ya estirado podía hacer que reventara, derramando el contenido en el suelo.

Del mismo modo, podemos tender a que nuestros corazones se atasquen en ciertas formas de hacer las cosas. Algunas iglesias y denominaciones enteras se resisten a cualquier tipo de cambio o transformación, creyendo que lo que ya se ha probado e intentado es el mejor camino por el que viajar.

Aunque el mensaje del evangelio y la verdad de la Palabra de Dios son atemporales, los métodos para presentárselos a nuestro mundo deben cambiar continuamente o sino, nos estaremos arriesgando a "reventar". Los sistemas religiosos, la terminología y las prácticas obsoletas deben ser reemplazadas por métodos y música relevante, a menudo no probados antes, que acerquen a una nueva multitud y atraigan a la próxima generación, moviéndonos de las viejas costumbres hacia el futuro. Pero muchas iglesias y ministerios hoy en día continúan insistiendo en verter su nuevo vino en viejos modelos, resistiéndose a la innovación y luchando contra el progreso.

Durante mi infancia en la iglesia, siempre cantamos utilizando un libro de himnos. "Vayamos al número 163" era una frase muy común. Todas las semanas dependíamos de aquellos libritos rojos de tapa dura colocados justo frente a nosotros, detrás del banco delantero. Como a cualquier niño, me encantaba convertir todo en una competición. Solía pasar el tiempo del sermón, contando el número de canciones que cada autor había escrito, para ver quién tenía la mayor cantidad de melodías incluidas en aquel librito. Te alegrará saber que la victoria estaba entre Charles Wesley y Fanny J. Crosby.

El caso es que me encantaban muchas de esas canciones y, le agradezco a Dios, por la bendición de los viejos himnos que todavía hoy pueden ser disfrutados. Pero ya no vivo allí, y estoy agradecido de que hayamos avanzado y recibido una nueva canción de parte del Señor. Estamos llamados a caracterizarnos por el futuro, llamados a avanzar. La Palabra de Dios permanece, pero algunas cosas deben cambiar. Cuando empecé como pastor, no solía valorar mucho la tradición pero, con el paso de los años, he desarrollado un mayor aprecio por algunas tradiciones y entiendo que la liturgia también tiene su lugar dentro de nuestra adoración. De hecho, creo que las iglesias contemporáneas saludables tienen su propia liturgia u orden de la reunión. Pero es una lástima cuando el Espíritu Santo se siente encerrado en su propia casa porque estamos demasiado metidos en nuestra manera de hacer las cosas.

¿Y tú? ¿Te resistes al cambio? ¿Te sientes cómodo con lo que siempre has sido, feliz de descansar en la seguridad de lo que siempre has hecho y ya has probado? De hecho, la mayoría de nosotros nos sentimos mucho mejor con lo que ya ha sido probado e intentado. Pero creo que el Señor está llamando a una generación de personas que levanten el techo de lo que ya ha sido, que se alejen de lo que es seguro y está establecido, y que esperen más de ese Dios que siempre está haciendo algo nuevo. Resistir al cambio puede en realidad impedirnos experimentar algunas de estas facetas de Dios. El cambio, aunque a veces dé miedo, nos lleva a un camino de fe y comunión más profundo con nuestro Creador. En momentos de incertidumbre, nos apoyamos en Aquel que siempre es seguro y nunca cambia, Aquel que puede llevarnos a una vida por encima de todo lo que jamás podríamos haber pedido, pensado o imaginado.

Veo tanta esperanza en el futuro, y creo que estoy llamado a establecer y levantar a las próximas generaciones para que sean todo lo que Dios las ha llamado a ser. Quiero ver el Reino avanzar en mi vida, y mucho más a medida que avanzo en edad. No importa en qué década de tu vida estés, creo que tú también debes seguir empujando y avanzando hacia lo que jamás se ha intentado, porque si hay algo que he aprendido en estos años de liderazgo es que la experiencia no lo es todo.

Piensa Más Grande

Creo que la experiencia está sobrevalorada. Por ejemplo, hay personas con mucha más experiencia que yo en cuanto al matrimonio. Después de todo, solo me he casado una vez. Hay personas con más experiencia que yo en cuanto al pastorear iglesias, ya que llevo pastoreando la misma iglesia desde que soy adulto. No lo digo para sonar pedante. Simplemente quiero decir que la experiencia en sí no garantiza el haber aprendido algo de ella y, algunas veces, podemos producir fruto negativo. El cinismo le dice a nuestros propios hijos, o a aquellos que lideramos, que no se puede hacer, simplemente porque "ya lo hemos probado antes y no funcionó".

En un pueblo llamado Antioquía de Pisidia, el apóstol Pablo predicó un sermón conmovedor que fue recibido con cinismo por parte de algunos judíos endurecidos que se habían reunido en la sinagoga para escucharlo. Aunque muchos de los reunidos estaban ansiosos por escuchar a este hombre ungido e, incluso, pensaban en volverlo a invitar para descubrir más de la historia del evangelio, otros se quedaron de pie con los brazos cruzados. Aquel día, cientos de personas oyeron cosas que nunca habían escuchado antes, durante toda su experiencia religiosa. Con asombro, comenzaron a descubrir que, en Jesús, había mucho más para ellos. Pero observa de nuevo el versículo que leímos en el capítulo 7 de este libro, cuando Pablo se dirigió a los cínicos que había en la multitud con un desafío directo:

> Cuidado, cínicos;
> Fijaos bien. Observad cómo vuestro mundo se desmorona.
> Estoy haciendo algo justo ante vuestros ojos que no vais a creeros
> aunque lo tenéis delante de vuestras narices.
> (Hechos 13:41, MSG)

¡Ahí lo tienes! ¿Hay posibilidades u oportunidades frente a ti que no logras ver porque exceden lo que creías posible? ¿Hay cosas a las que reaccionas con cinismo, porque van mucho más allá de cualquier cosa que hayas experimentado o visto antes? Es posible que las cosas que ya conoces y ya has experimentado en el pasado estén minando la posibilidad de que Dios haga algo nuevo y fresco. Sí, podemos edificar a otros a través de todo lo que hemos experimentado, pero nuestra experiencia solo se basa en lo establecido o en aquello que ya hemos aprendido y que ya sabemos. Se puede decir tanto en cuanto a aceptar lo nuevo y sumergirnos en lo desconocido.

Puede que haya dicho un par de veces que valoramos la tradición y honramos y reconocemos el pasado, pero debemos avanzar y mirar hacia el futuro continuamente. Estoy agradecido por mi trasfondo. Doy gracias por haber sido criado en la iglesia, rodeado de las cosas de Dios. Pero también estoy agradecido de que mis padres nunca me refrenaran de los nuevos lugares, las nuevas formas y las nuevas oportunidades a las que Dios me estaba llamando.

En Hillsong, tenemos una declaración acerca de nuestra misión que habla de "empoderar a las personas para liderar e impactar en cada esfera de la vida". La verdad es que nunca podrás inspirar a alguien a que sea de impacto si tú mismo no tienes un espíritu que deja ir y se siente cómodo con lo impredecible. Si crees que vivir con Jesús es predecible, te equivocas. ¡Siempre es una aventura!

Jesús era el rey de lo impredecible. Según Juan 4, Él asombraba a la gente porque hablaba con quien jamás debería de haberlo hecho. Se detuvo para atender a una mujer, y no a cualquier mujer, ¡a una samaritana! Su ministerio era constantemente impredecible, a menudo enfadaba a los religiosos en las multitudes, y asombraba a sus propios discípulos. Difícilmente podían seguirle el paso. ¿Por qué hablaba con una mujer gentil e impura, una mujer pecaminosa? ¿A qué agua se refería cuando le dijo que nunca volvería a tener sed? ¿Por qué seguía preocupándose por ella si los discípulos ya se habían adelantado para comer? ¡Qué final tan impredecible para su día! Sí, seguir a Jesús nunca era predecible.

Cuando mis hijos eran pequeños y viajaba con frecuencia, me encantaba reservar un vuelo a casa uno o dos días antes de lo esperado para sorprenderlos. Sus caras lo decían todo mientras entraba por la puerta veinticuatro horas antes de lo previsto. Luego, los llevaba a la escuela o pasaba el día con ellos después de haber estado separados tanto tiempo.

Creo que nuestras vidas e iglesias también están llamadas a ser predeciblemente impredecibles. La sabiduría convencional, el pensamiento establecido, la opinión pública, la presión de grupo y el pensamiento mayoritario pueden apagar la nueva bendición que Dios desea traer a nuestras vidas. ¿Puedo animarte? Cría a tus hijos con espontaneidad. Abre tu corazón a nuevas experiencias, a nuevas maneras de aprender y liderar. Vive entregándole más lealtad al futuro que al pasado. Continúa expectante por todo lo que Dios tiene para ti, y no te sorprendas cuando Él te llame intencionalmente a sacudirte el polvo de los pies y te empuje hacia la impredecibilidad.

El Amigo Llamado Predictibilidad

Aunque creo que la impredecibilidad (no la impulsividad ni el ser compulsivo) puede ser una ventaja, hay claros momentos en los que la predictibilidad puede convertirse en tu amiga. Aunque para los discípulos, la vida con Jesús era totalmente impredecible, cuando se trataba de hacer la voluntad de su Padre y cumplir el propósito de su llamado en la Tierra, Jesús era extraordinariamente predecible. En tu vida, también hay muchas áreas en las que la predictibilidad te servirá de mucho. Avanzar en esta vida que está por encima de lo que jamás pediste o imaginaste, también significa ser firme en tu carácter y crecer constantemente en estatura y favor, tanto con Dios como con los hombres. Las siguientes cualidades predecibles te ayudarán con esa tarea.

Lealtad

Vive de una manera que permita a las personas predecir tu lealtad. Sé un compañero digno de confianza, un oyente atento y alguien que se mantiene constantemente firme, pese a la marea y las circunstancias tan cambiantes de la vida.

> No dejes escapar al Amor y la Lealtad.
>> Átalos alrededor de tu cuello; talla sus iniciales
>> en tu corazón.
> Gánate una buena reputación al vivir bien
>> a los ojos de Dios y a los ojos de la gente.
> (Proverbios 3:3–4, MSG)

Confiabilidad

Ser confiable va de la mano de ser creíble. Tu jefe, tu familia y tus amigos necesitan saber que eres confiable, que eres predecible en tu compromiso de estar ahí y hacer lo que dijiste que ibas a hacer. No seas impredecible en tu aparecer o estar presente. La confiabilidad asegurará a los demás que eres alguien con quien pueden contar, esa persona a la que pueden llamar cuando la adversidad o la oportunidad vengan.

Convicción

¿Sabes lo que crees? ¿Conoces los cimientos de tu fe? En Hillsong, tenemos creencias fundamentales sobre la Cruz, la Resurrección y el Espíritu Santo. Para poder avanzar y marcar la diferencia para el Reino de Dios, debemos estar firmes en nuestras creencias y convicciones, y no perseguir modas pasajeras o ser tibios en cuanto a lo que dice la Biblia, sino, más bien, confiar tanto en *quién* como en *qué* creemos.

Incluso mientras estaba en la cárcel, Pablo dijo: "Yo sé a quién he creído y estoy seguro de que es poderoso para guardar mi depósito para aquel día" (2 Timoteo 1:12). Pablo no permitió que sus circunstancias influyeran en su convicción. Estaba confiado en aquello que sabía que era cierto y decidido a compartirlo.

Compromiso

No es una palabra muy popular hoy en día. A mucha gente se le da bien empezar, pero a muy pocos se les da bien acabar. Todos nos emocionamos a principios de año, firmes en nuestras resoluciones y comprometidos a cambiar. Pero lo que importa no es cómo empiezas sino cómo terminas. Seamos predecibles en cuanto a nuestros compromisos.

Cumple Tu Palabra

Mateo 5:37 dice, "Cuando ustedes digan 'sí', que sea realmente sí; y, cuando digan 'no', que sea no" (NVI). Deberíamos ser lo suficientemente anticuados como para que nuestra palabra fuese mejor que un contrato.

Sé honesto en tu interacción y directo en tu comunicación. No le des espacio a la gente para asumir que no estás diciendo la verdad o que tu *sí* solo significa *quizás* y que tu *no* es *puede que no*. La honestidad te propulsará hacia el destino que Dios te ha dado.

Visión

Uno de los días más importantes para nuestra iglesia cada año es Domingo de Visión, cuando nos conectamos a más de cien mil personas en los diecinueve países donde existe la Iglesia Hillsong. La gente llega emocionada por ver la presentación que hemos preparado y escuchar el mensaje de Dios que marcará nuestro rumbo y despertará nuestra fe para el año que está por venir. Pero, curiosamente, no siempre es fácil decir algo diferente, porque nuestra visión no cambia cada año. Establecimos la visión de la Iglesia Hillsong hace más de treinta y cuatro años y desde entonces, solo ha ido en aumento. Anunciamos cosas nuevas pero, en realidad, se trata de la misma visión de todos estos años y, en ella, seguiremos caminando. Por otro lado, sí es fácil hablar de nuevo sobre nuestra visión, porque se mantiene fresca dentro de nuestros corazones. Elevamos más nuestros ojos, pero nos mantenemos anclados a lo que sabemos que Dios nos llamó desde hace tantos años.

Piensa en quién eres y sobre qué trata tu vida. No te desvíes fácilmente del camino ni te desanimes. Vive con una visión que esté unida a la causa del Rey Jesús y observa cómo Él te llevará a lugares que jamás podrías haber imaginado.

Fresco y Floreciente

Independientemente de tu edad, en el Reino de Dios hay lugar para todos y todos podemos aportar algo:

> En los postreros días —dice Dios—,
> derramaré de mi Espíritu sobre toda carne,
> y vuestros hijos y vuestras hijas profetizarán;
> vuestros jóvenes verán visiones
> y vuestros ancianos soñarán sueños. (Hechos 2:17)

Jesús dio la Gran Comisión a la iglesia hace más de dos mil años, y ¡no ha caducado! Él no puso un límite de edad, raza, credo o cultura, solamente nos encargó a cada uno de nosotros que edificásemos el Reino.

Mucha gente me pregunta cuándo voy a jubilarme. La verdad es que aunque tengo sesenta años, jamás me había sentido mejor. No estoy llegando al fin de mi vida. ¡Estoy haciendo que la visión suba!

El Reino de Dios es generacional. La Palabra de Dios es generacional. Primero fue Abraham, luego Isaac, y luego Jacob. El Nuevo Testamento comienza con la genealogía de Jesús, formada por cuarenta y dos generaciones en total. En el plan maestro de Dios, hubo catorce generaciones desde Abraham hasta David, catorce generaciones más desde el rey David hasta la cautividad de los israelitas en Babilonia, y otras catorce generaciones hasta Jesús. La Palabra de Dios dice: "Una generación alabará tus obras a otra generación" (Salmo 145:4, LBLA), ¡y yo aún no he terminado de hacerlo!

Desde pequeño, supe que estaba llamado a, algún día, liderar nuestro movimiento de iglesias, las Iglesias Cristianas Australianas. Con treinta y seis años, me convertí en el presidente de nuestra organización estatal y, con cuarenta y tres años, me eligieron como su presidente nacional.

Algunas personas se preguntan por qué decidí aceptar toda esa responsabilidad adicional, y algunas veces yo también me lo he preguntado. Durante doce años serví a un movimiento creciente de más de mil cien iglesias autónomas. Luego sentí que Dios me estaba llamando a una nueva época, prometiéndome que sería un paso adelante, no un paso atrás. Mentiría si te digo que no me sentí un poco fuera de lugar durante algunas semanas, pero en seguida, seguí adelante, porque sabía que aún no había llegado a la cumbre de mi vida. Y ahora puedo decir que estos últimos nueve años, en los que podría haberme sentido irrelevante o con mi hora ya pasada, han sido, con diferencia, los años más influyentes, fructíferos y gozosos de mi vida. Tanto es así, que a veces, no puedo creer lo fiel que es nuestro Dios.

En esencia, siempre he tratado de mirar más allá. No deberías sentirte amenazado por dejar atrás las viejas épocas si estás alzando la mirada y viendo nuevos horizontes emocionantes delante de ti:

> El justo florecerá como la palmera;
> crecerá como cedro en el Líbano.
> Plantados en la casa del Jehová,
> en los atrios de nuestro Dios florecerán.
> Aun en la vejez fructificarán;
> estarán vigorosos y verdes. (Salmo 92:12–14)

Escúchame bien: No importa en qué etapa de tu vida te encuentres, tu tiempo no ha terminado todavía. El viejo dicho "Donde hay vida, hay esperanza" es realmente cierto cuando hablamos de esta maravillosa aventura llamada fe.

Legado Dejado y Legado Vivido

El deseo de mi corazón, mientras Dios me dé aliento, es continuar dando ejemplo. Quiero ser intencional a la hora de levantar nuevos líderes, líderes jóvenes que aporten algo nuevo e innovador a nuestro equipo. Quiero permitir que nuestros jóvenes sean todo lo que Dios les ha llamado a ser y, por eso, constantemente les doy la oportunidad de probarse a sí mismos. Pero muchos líderes se sienten amenazados o no confían en los líderes jóvenes. Tienen miedo a quedarse sin autoridad, así que acaban con una iglesia canosa o una congregación envejecida que carece de creatividad, de movimiento y de avance. Lamentablemente, esta actitud solo te lleva a acabar centrado en "aquellos años gloriosos" y a tener la mayoría de asientos vacíos. Me encanta ver bancos llenos de gente de todas las edades, desde personas jóvenes hasta aquellos con pelo canoso que aportan sabiduría.

En lugar de tus padres serán tus hijos,
a quienes harás príncipes en toda la tierra. (Salmos 45:16)

En ese espíritu, creo que mi responsabilidad como líder es dar lugar y levantar el techo para la siguiente generación. Quiero ser un hacedor de reyes, y crear espacio para que otros lleguen más alto y aumenten su capacidad e influencia. Pero jamás vas a poder levantar un techo al que tú mismo no llegas. Así que, para elevar los techos de otras personas, tu propia vida y liderazgo van a requerir un estiramiento y crecimiento constantes.

El corazón del Rey Salomón no estaba en la posición correcta cuando preguntó: "¿Por qué tengo que trabajar tan duro para que otros simplemente disfruten del fruto?" (lee Eclesiastés 2:21). Desde su estado de retroceso, no le veía el sentido a tener que trabajar tanto para que otros fuesen a recibir la bendición. Pero cuando miro a la iglesia, creo que esa es exactamente la razón por la que estamos aquí, para levantar a nuestros jóvenes y que ellos lleguen a hacer cosas más grandes y dar pasos más largos que nosotros. Siempre he creído, que si estamos bajo el Reino de Dios de la manera correcta, entonces, nuestras generaciones deberían fortalecerse, una generación edificándose sobre los cimientos de otra.

Como pastor, me encanta ver a Dios trabajar de manera generacional. En Hillsong, tenemos presentaciones de bebés una vez al mes. Y cuánto me alegra, después de más de treinta años pastoreando la misma iglesia, poder presentar a los bebés de bebés que presenté hace muchos años. Se trata del Reino en acción, dando vida a una nueva generación para Jesús.

La vida excesivamente por encima de todo lo que puedes pedir o imaginar está basada tanto en el legado que dejarás a otros como en el tuyo propio. El legado trata tanto del presente como del futuro. El *legado dejado* se define por la riqueza material y temporal (los activos y la reputación) pero, el *legado vivido* es relacional y se basa en traer propósito al aquí y ahora, depositando valores eternos en las generaciones venideras.

Quiero hacer historia, no servir a la historia. Quiero aprender de la historia sin repetir sus errores. Honro la historia, a aquellos que me han precedido y sobre cuyos hombros estoy, pero no quiero que la historia me limite, ni ser una lealtad desacertada por las limitaciones de las generaciones pasadas.

Quiero desafiar los pronósticos de la historia en lugar de quedarme atrapado por sus limitaciones. Quiero forjar una nueva historia y no solo recordar los "viejos tiempos" de la historia o sus fracasos y decepciones.

¿Qué dirán de ti tu legado y las generaciones venideras? Cuando le hicieron esta pregunta, el gran primer ministro británico, Winston Churchill, respondió: "La historia será amable conmigo, porque tengo la intención de escribirla yo mismo."[12] Quiero animarte a "escribir tu historia" de tal manera que hable de la naturaleza generacional de nuestro Dios. Mira constantemente al futuro, siembra semillas de oportunidad para los demás y vive una vida que levante el techo de cada limitación que te frena.

---

12 Winston Churchill, citado por John M. Martin, "Winston Churchill's Cold War," Library of Congress Information Bulletin 62, no. 1 (Enero 2003), www.loc.gov/loc/lcib/0301/churchill .html.

Bailando Sobre el Techo

La vida con Cristo siempre se enfoca en mirar hacia adelante, en poner nuestros ojos en el futuro y confiar en la esperanza que tenemos de que hay más en esta vida de lo que ahora vemos. Nuestras oportunidades, decisiones y bendiciones de hoy no tratan simplemente de nosotros, sino que deberían enfocarse en llevar a otros hacia sus destinos en Dios.

Mi definición de éxito es edificar una plataforma para que las generaciones futuras sean las que ganen. Metafóricamente hablando, Dios me ha agraciado con un suelo maravilloso sobre el que poder edificar, establecido por una generación anterior para que yo pueda dar el paso y servirle a Él. Pero, al final, lo que quiero es que mis techos sean los suelos sobre los que la generación de mis hijos e hijas puedan bailar, suelos que se conviertan en los cimientos de techos que levanten vidas y hagan al Reino avanzar por generaciones.

14

Espiritualmente Muerto y Espiritualmente Vivo

nsiedad en el aeropuerto. ¿Eso existe? Hacer viajes internacionales es últimamente una tarea mensual y, a veces, semanal para mí. Al tener iglesias Hillsong en varios países y continentes, los aeropuertos se han convertido en mi segundo hogar. Hace tiempo que he aborrecido ya las colas en inmigración y a los oficiales de aduanas. Ahora bien, no es que lleve contrabando o me preocupe lo que puedan encontrar en mi bolsa. De hecho, hace mucho que no me piden que abra mis maletas. Lo que pasa es que a mi paciencia (menos que perfecta) no le gusta cuando salgo de un vuelo largo, giro la última esquina, y veo a otro avión que también acaba de aterrizar con cansados pasajeros precipitándose hacia la cola de inmigración frente a mí.

Cuando bajo de un avión, solo tengo un objetivo en mente: Adelantar a todas las personas desorientadas, errantes e indecisas y tomar el camino más corto a través de los procesos necesarios para lograr llegar a las puertas de salida y, por fin, respirar aire fresco. Todos aquellos que han volado conmigo podrían contarte algunas historias graciosas acerca de mi decidida misión de caminar adelantando a todo el mundo. (Sé que en esto suspendo el examen del fruto del Espíritu, así que por favor, ¡no me eches un sermón!)

Pero en el siglo XXI, parece que las "puertas inteligentes" electrónicas son el nuevo orden mundial. Simplemente tienes que escanear tu pasaporte, responder algunas preguntas, presionar un par de botones, mirar a la cámara automática y esperar a que la luz parpadee. Entonces, las puertas de vidrio se abren, dándote acceso, y ¡te vas! Ese es el tipo de velocidad que me gusta.

Tener acceso es lo mejor. Es crucial a tantos niveles. La mayoría de nosotros en el mundo occidental damos gracias por tener acceso a agua potable, atención médica e iglesias donde congregarnos libremente. Tal vez tengas un llavero lleno de llaves que te dan acceso a tu casa, coche, lugar de trabajo, buzón o llaves de seguridad, que te dan acceso a una vida plena y efectiva.

¿Qué pasaría si te dijera que tú también tienes acceso a más vida, a más del Reino de Dios, a más de ese amor, gozo, paz, bendición, esplendor y gracia que caracterizan la vida en su voluntad? Este acceso no es algo por lo que debas luchar, algo por lo que debas hacer cola, o algo que requiera que rellenes formularios o que tengas que renovar cada cinco años. No, la Palabra de Dios lo dice claramente: "porque por medio de él los unos y los otros tenemos entrada por un mismo Espíritu al Padre" (Efesios 2:18). Ese "Él" es Jesús, el Hijo de Dios. ¿Y qué sabemos del Padre? Déjame que te explique.

El Padre todo lo sabe, está siempre presente y disponible en todo momento. Él es amor y luz, esperanza y gozo. En Él encontrarás la fortaleza cuando más débil te sientas, las respuestas a tus preguntas más profundas y la plenitud para tu vida. Su poder está constantemente obrando en ti, y Él puede hacer más, inmensurablemente más, de lo que puedes pedir, pensar o imaginar. Y lo mejor es que puedes acceder fácilmente a Él, al que tiene las llaves de tu vida abundante y los planos de tus necesidades diarias, y está preparado con su sello de favor para ti dondequiera que vayas. Él siempre espera con más para ti.

Vivo Con Acceso

¿Sientes que tienes acceso a todo lo que Dios está haciendo? ¿Está tu vida espiritual activa y vibrante al despertarte cada mañana, o aunque estés físicamente presente, espiritualmente estás disminuyendo la velocidad? ¿Estás espiritualmente vivo o simplemente vivo? Ahora que nos acercamos al final de este libro, en el que hemos tratado de profundizar sobre algunos de los misterios de este viaje con Dios, ¿podrías decir con honestidad que estás buscando activamente las alturas y las profundidades de sus planes para tu futuro? O, ¿estás andando sin esfuerzo, contentándote con simplemente existir, creyendo que tu realidad actual es todo lo que Dios tiene para ti? ¿Esperas más, pero no estás orando activamente ni yendo tras ello?

Cuando Dios dio vida a Adán, éste se volvió física y espiritualmente vivo. Si aún no te ha ocurrido lo mismo, te sucederá cuando Cristo perdone tus pecados y entres a ser parte de la familia de Dios. La historia de tu vida espiritual comienza en ese momento, y si te pareces en algo a los "bebés cristianos" con los que suelo estar en contacto, seguramente ahora mismo estarás vibrando con nueva vida, esperanza y entusiasmo por el camino que tienes por delante.

O quizás, el tiempo haya robado tu fervor. Quizá dirías que tu pasión se ha desvanecido. Si tuvieras que hacer cola para entrar a la iglesia, ¿esperarías de pie pese al frío, incluso si te dijeran que la primera reunión está llena y aún tienes que esperar más para la siguiente? Nunca quiero olvidarme de que soy el recipiente del mejor regalo que jamás se haya entregado en todo el planeta.

Quiero que mi pasión refleje que soy el portador de las mejores noticias que la humanidad jamás ha recibido, que soy el portavoz de su mensaje aquí y ahora.

Pero me gustaría hacer un inciso y recordarte que la vida espiritual y la actividad espiritual no son lo mismo. De pequeño, iba a una iglesia que solo podría describirse como pentecostal con esteroides. Mi iglesia estaba llena de pasión. Aún hoy me vienen a la mente algunas de aquellas personas apasionadas que quedarán para siempre inmortalizadas en los recuerdos de mi infancia.

A todos les llamaban "Hermano" o "Hermana", aunque he cambiado sus nombres en este libro para proteger sus identidades. Pero por ponerte un ejemplo, recuerdo al hermano Klein, que siempre estaba en la puerta, saludando a la gente, domingo tras domingo. El hermano Klein hacía suyo aquel lugar, y se aseguraba bien de que fuera solamente suyo. El hermano Pillsbury era otro de ellos, probablemente uno de los ancianos más alentadores que haya conocido. Su semblante era suave y sus ojos amables. Siempre me daba una palmada en la espalda y hablaba palabras de vida sobre mí cada vez que pasaba por su lado. Luego estaban el hermano Morton y el hermano Milner. Los recuerdo como buenos hombres, confiables y firmes. El hermano Dejong era padre de ocho hijos, y el mayor de ellos aún hoy sigue siendo uno de mis mejores amigos, y el pastor de una próspera iglesia en Nueva Zelanda.

Luego estaban las mujeres. La primera que me viene a la mente es la Hermana Jenkins. Era una mujer con mucha energía y un asiento fijo en la segunda fila a la izquierda del pasillo central. Cada vez que el predicador caminaba por el pasillo predicando de manera entusiasta y animada, ella preparaba un dulce para entregárselo cuando pasara por allí. La abuela Ethel cantaba con una voz que hacía temblar el lugar. Siempre iba una estrofa más adelantada que los demás, llenando aquel lugar con su voz chillona. Era pequeña de estatura, pero ¡siempre sabías cuándo estaba en la iglesia! La hermana Paterson bailaba y se movía con tanta fuerza durante la alabanza, que los bancos y las filas a su alrededor parecían vibrar a su ritmo.

El fervor estaba a otro nivel en aquella iglesia. Podría contarte historias durante días sobre algunas de las locuras que presencié. Tengo muy buenos recuerdos sobre la iglesia de mi niñez, pero con seguridad sé que quiero liderar algo diferente hoy.

Lo que le pasaba a aquel ambiente es que estaba lleno de actividad espiritual. Resonaba con conversaciones espirituales y prácticas religiosas, pero detrás de las escenas, había miembros derrotados, murmuraciones, chismes y mentalidades obsoletas.

La actividad espiritual no es lo mismo que la vida espiritual.

Cuando pienso en una iglesia espiritualmente viva, pienso en un lugar que es vibrante, que está lleno de fe y de gracia; un lugar donde los perdidos son bienvenidos a casa, independientemente de su edad, raza, condición social o cualquier otro factor determinante. Una iglesia que se enfoca en Jesús, y que continuamente confía en el poder inigualable de su nombre y en la esperanza que Él ofrece para todos. Una iglesia que está espiritualmente viva y de manera obvia, ama a Dios, ama a las personas y ama la vida (no solo los domingos o durante los eventos de la iglesia, sino que de la abundancia de ese amor, trabaja continuamente, centrándose en la Gran Comisión, donde sea necesario, cueste lo que cueste). Una iglesia que presta atención a lo que es puro y noble, y trabaja activamente para frenar la fealdad del chisme y el descontento dentro del cuerpo de Cristo. Una iglesia que se enfoca en la comunidad, las relaciones y la comunión sanas, donde la gracia siempre tiene prioridad sobre la ley y las obras.

Cuando pienso en personas espiritualmente vivas, pienso en aquellos con celo por su fe. Cuando pienso en el espíritu de aquellos a los que aspiro a pastorear, pienso en personas jóvenes en espíritu, generosas de corazón, llenas de fe en su confesión, llenas de amor en su naturaleza e inclusivas en su expresión. Las personas espiritualmente vivas reconocen su necesidad de Dios y su dependencia del Espíritu Santo para guiar, instruir y sustentar todo lo que hacen. Es por eso que en la Biblia, encontramos el siguiente texto:

> Nadie ha visto o escuchado algo como esto,
> nunca nadie ha imaginado algo así
> como lo que Dios ha preparado para quienes lo aman.

Pero *tú sí* lo has visto y escuchado porque Dios, por su Espíritu, te lo ha revelado todo.

El Espíritu, no conforme con moverse solamente por la superficie, se sumerge en las profundidades de Dios y saca lo que Dios planeó a lo largo del tiempo. ¿Quién puede saber lo que piensas y planeas excepto tú mismo? Lo mismo pasa con Dios, pero Él no solo sabe lo que piensa, sino que *nos* permite entrar a ello. Dios nos ofrece un listado completo de los regalos de la vida y la salvación que nos entrega. No tenemos que confiar en las suposiciones y opiniones del mundo. No aprendimos esto leyendo libros o yendo a la escuela. Lo aprendimos directamente de Dios, que nos lo ha enseñado personalmente a través de Jesús, y ahora nosotros os lo transmitimos a vosotros de la misma manera, directa y personal.

El ser no espiritual, tal como es por naturaleza, no puede recibir los dones del Espíritu de Dios. No hay cabida para ellos. Parecen tonterías. El Espíritu solo puede conocerse por el espíritu: el Espíritu de Dios y nuestros espíritus en comunión abierta. Espiritualmente vivos, tenemos acceso a todo lo que el Espíritu de Dios está haciendo, y no puede ser juzgado por críticos no espirituales. (1 Corintios 2:9–16, MSG)

Si puedo dejarte con una última cosa mientras nos preparamos para despedirnos en este penúltimo capítulo de *Hay Más* es con esto: Oro para que busques la vida espiritual. Hagamos caso a las palabras de Pablo que acabamos de leer, que nos animan y recuerdan que cuando estamos espiritualmente vivos (alertas, activos, entusiasmados y avanzando) tenemos acceso a todo, sí, a *todo* lo que hace el Espíritu de Dios.

Aprende de Apolos

Apolos era un egipcio de Alejandría, una ciudad que se encuentra en la desembocadura del río Nilo. Vivió durante la época de Pablo, sirviendo a Cristo como apóstol. La educación que Apolos recibió en Alejandría fue el campo de entrenamiento para el don de la retórica y la oratoria por el que era conocido. Alejandría era un centro de educación y aprendizaje. Dicen que tenía una biblioteca con más de cuatrocientos mil volúmenes.

La ciudad había sido fundada por Alejandro Magno, quien quería convertirla en un epicentro intelectual donde el idioma, la cultura y la filosofía griega no solo se celebraran, sino que también se debatieran para así lograr cambiar las mentalidades de las masas.

Nuestro primer encuentro con Apolos se registra en el libro de Hechos, y creo que podemos aprender mucho de la vida de este hombre que estaba obviamente tan vivo espiritualmente:

> Llegó entonces a Éfeso un judío llamado Apolos, natural de Alejandría, hombre elocuente, poderoso en las Escrituras. Éste había sido instruido en el camino del Señor; y siendo de espíritu fervoroso, hablaba y enseñaba diligentemente lo concerniente al Señor, aunque sólo conocía el bautismo de Juan. Comenzó, pues, a hablar con valentía en la sinagoga; pero cuando lo oyeron Priscila y Aquila, lo tomaron aparte y le expusieron con más exactitud el camino de Dios. Cuando él quiso pasar a Acaya, los hermanos lo animaron y escribieron a los discípulos que lo recibieran. Al llegar allá, fue de gran provecho a los que por la gracia habían creído, porque con gran vehemencia refutaba públicamente a los judíos, demostrando por las Escrituras que Jesús era el Cristo. (18:24–28)

Escucha esto: Apolos fue poderoso en las Escrituras. Me pregunto si tú o yo podríamos ser descritos como "poderosos en las Escrituras". Puede que conozcas la Palabra de Dios, pero ¿estás creciendo en ella? ¿Estás descubriendo cosas nuevas, profundizando en el pozo infinito que es la Biblia, y buscando la verdad para aplicarla a tu vida? Leer la Palabra es imprescindible para tu viaje. Es, sin duda, el siguiente paso para ti, si aún no lo has convertido en tu hábito diario. Todo lo que Dios anhela decirte, mostrarte y enseñarte sobre la vida plena que estás llamado a vivir, se encuentra dentro de este texto sagrado.

Durante este tiempo que hemos pasado juntos, he hecho todo lo posible por compartir contigo algunas historias conocidas y sacar a la luz otras Escrituras con la esperanza de que te enseñen, te iluminen y te traigan una nueva manera de entender estas palabras eternas. El fuego tiende a apagarse a menos que lo alimentes, y la manera de avivar la llama del Espíritu que hay en ti es escuchando las palabras de tu Padre celestial.

Deuteronomio 29:29 dice, "Las cosas secretas pertenecen a Jehová, nuestro Dios, pero las reveladas son para nosotros y para nuestros hijos para siempre, a fin de que cumplamos todas las palabras de esta Ley".¿Quieres saber todo lo que ha sido revelado? Al igual que Apolos, conviértete en alguien poderoso en la Palabra.

Este maestro alejandrino de la Palabra también era de espíritu fervoroso. Me encanta rodearme de personas apasionadas, como Anthony, un inspirador joven que trabaja para mí en nuestra oficina de California. Cada vez que Anthony se cruza conmigo, me saluda declarando: "¡Menudo día!".

Al principio, cuando se lo escuchaba decir tantas veces, me reía de su entusiasmo porque lo decía durante sus mejores y peores días, durante los más fríos y los más cálidos, los más fáciles y los más complicados. ¿Es simplemente un decir, una exageración, o es algo real para Anthony? Creo que realmente ama la vida y se esfuerza por sacar lo mejor de todos los días. Es quien es, y es contagioso.

Luego está Lee, de quien hablé en el capítulo 9. Pregúntale a Lee cómo está, y su respuesta habitual será: "Estoy viviendo el sueño". Se le conoce por esa frase, y creo que el haberla declarado sobre sí mismo hace que, hoy en día, realmente sobresalga en todo lo que hace.

Las personas que están vivas en Cristo son contagiosas, y cuando vives de esa manera, tu servicio al Rey Jesús desarrollará dentro de ti un fervor que atraerá a las personas hacia el mensaje por el que vivimos. Imagínate una iglesia apasionada por Dios. Imagina a multitudes de personas llenando su casa todos los domingos, sin quererse marchar de allí. Imagina un entusiasmo apasionado en tu familia y amigos por el amor de Dios y el derramamiento del Espíritu Santo. Romanos 12:11 nos implora: "Nunca dejen de ser diligentes; antes bien, sirvan al Señor con el fervor que da el Espíritu." (NVI).

Ya hemos hablado sobre la autenticidad y la necesidad de vivir de una manera abierta y con un corazón puro, así que no te estoy diciendo que finjas este tipo de entusiasmo y pongas cara feliz cada día simplemente para demostrar que eres un siervo digno del Señor. Hay algo precioso en vivir con pasión incluso en medio de la decepción o la tristeza. Tengo un gran respeto por las personas que buscan la esperanza tras un desamor y acaban encontrando un destello de luz incluso en la circunstancia más oscura. Esa es la consecuencia de caminar con el Señor. Eso es lo que significa tener una relación profunda, confiar en sus promesas y comprender el "fervor espiritual".

El amor de Dios debería empujarnos a servirle con alegría. El regalo de la redención que hemos recibido debería brotar en nosotros como una fuente de pasión y entrega para seguir a Jesús con toda nuestra vida. Pero no quieras una cosa sin la otra. Apolos crecía no solo en la *Palabra* del Señor sino también en el *camino* del Señor. Hechos 18:25 dice: "Él estaba bien educado en el camino del Maestro" (MSG). Mucha gente conoce la *Palabra*, pero no el camino del Señor.

¿Cuál es la diferencia entre la Palabra de Jesús y su camino? ¿Lo has pensado alguna vez? A lo largo de los años, he conocido a muchas personas que son fuertes en la Palabra y pueden hablar largo y tendido sobre el contexto de las Escrituras y, a la vez, hacer referencias cruzadas con otros pasajes. Pero, tristemente, algunos de los que conocen tan bien sus palabras son débiles en el camino del Maestro en cuanto al fruto del Espíritu y la gracia que Jesús mostró a la gente herida y quebrantada. ¿Alguna vez has conocido a alguien que está orgulloso de su conocimiento teológico y calificaciones, pero tiene un espíritu de enfadado y maldad hacia los demás? ¿Está esa persona espiritualmente viva? No estoy muy seguro.

Tales personas necesitan el deseo de vivir en los caminos del Señor y no solo en su Palabra. Esa es la actitud reflejada en el Salmo 25:4–5:

Muéstrame, Jehová, tus caminos;
enséñame tus sendas.
Encamíname en tu verdad y enséñame,
porque tú eres el Dios de mi salvación;
en ti he esperado todo el día.

Por el contrario, ¿has conocido alguna vez a alguien que sea ferviente en espíritu, pero que carezca de una base sólida en la Palabra? La Biblia dice que Apolos no solo hablaba con fervor, sino que también era preciso en sus enseñanzas. Siéntete seguro y sé riguroso. No diluyas la verdad de la Palabra con falta de verdad. Si llevas tiempo siendo cristiano, dedícate continuamente a aprender y profundizar en la enseñanza que no solo edificará tu vida, sino que también te permitirá edificar la vida de los demás.

Me encanta que la Biblia también le dé importancia al don de Apolos. La Biblia nos dice que no solo era un hombre culto sino también un "orador elocuente" (Hechos 18:24, NTV). Apolos estaba floreciendo en su don y utilizándolo para glorificar a Dios.

Nunca perderás nada por unir tu don a los propósitos de Dios. ¿A qué te dedicas? ¿Vas a la escuela? ¿Estás en casa con los niños? ¿Estás empezando un negocio o liderando un ministerio? Quizás tus hijos se acaban de ir de casa, y no sabes qué próximos pasos dar. Bueno, ¿cómo será el mañana? ¿Con quién te encontrarás? ¿Qué puedes tú traer a la mesa?

Apolos seguía a Cristo. Amaba las cosas que Jesús amaba y dedicó su vida a ir tras ellas. Como Apolos, tú también puedes tomar lo que hay en tu mano y usarlo para llevar a cabo lo que hay en tu corazón. ¿Estás usando tus dones para la gloria de Dios? Los dones que Dios te ha dado no llegarán a su máximo potencial a menos que los uses para Dios mismo.

Un Trabajo En Curso

Si lo piensas bien, nuestro crecimiento es continuo. La vida espiritual es un viaje, no un destino. Hechos 18:25 dice que "Apolos fue preciso en todo lo que enseñó sobre Jesús *hasta cierto punto*" (MSG). Era poderoso en la Palabra, pero aún tenía mucho que aprender. Fue preciso … hasta cierto punto. ¿En qué etapa se ha estancado tu vida espiritual?

Podemos quedarnos estancados en cierto ritmo, ya sea ir a la iglesia todos los domingos, sentarnos en el mismo lugar o hablar con las mismas personas. Es fácil llegar a decir todo lo correcto y actuar de la manera correcta, pero, a la vez, carecer de todo tipo de crecimiento espiritual. ¿En qué punto estás? No te detengas ahora. Dios tiene mucho más.

Estar espiritualmente vivo significa ser alguien que está buscando constantemente, que persigue la voluntad de Dios y va tras ella. Piensa en eso por un momento. Su voluntad es amar a los heridos, predicar el Reino y edificar la iglesia. Jesús amaba al Padre, a los perdidos, a los pobres, al mundo y a la iglesia. Si te sientes estancado o como si hubieras llegado a un punto en el que no puedes avanzar más, busca lo que Jesús amaba.

El apóstol Juan escribió: "Cualquiera que diga tener intimidad con Dios debe vivir el mismo tipo de vida que Jesús vivió" (1 Juan 2:6, MSG). Como seguidores de Cristo, somos partícipes de la vida con Jesús *incluso ahora*. Es por eso que la manera en la que vivimos nuestras vidas, incluso las partes que aún están en proceso, es muy importante.

No permitas que ninguna insuficiencia personal te impida avanzar. No subestimes lo que el Espíritu de Dios puede hacer contigo cuando buscas aprender y seguir sus caminos.

Humilde y Valiente

Te presento a Priscila y Aquila, los otros dos mencionados en Hechos 18. "Apolos fue preciso en todo lo que enseñó sobre Jesús hasta cierto punto, pero solo llegó hasta el bautismo de Juan. Predicaba con poder en el lugar de reunión. Cuando Priscila y Aquila lo oyeron, lo llevaron aparte y le contaron el resto de la historia" (18:25–26, MSG).

¿Alguna vez te has detenido a preguntarte qué significa eso? ¿Quiénes eran estos dos y qué dijeron? La importancia de esta relación va mucho más allá de lo que podemos ver en una línea. Priscila y Aquila eran ciudadanos de la clase artesanal. Eran fabricantes de tiendas, humildes en el comercio, de ascendencia judía y posiblemente, pastorales en su práctica, voluntarios dentro de la iglesia.

Lo que más me impresiona de esta relación entre ellos y Apolos es la humildad de este elocuente alejandrino y su disposición a recibir consejos por parte de estos dos hacedores de tiendas. Probablemente se había sentado a los pies de grandes eruditos en Alejandría, pero permitió que simples comerciantes corrigieran su predicación en Éfeso. La disposición a recibir es fundamental para nuestro crecimiento espiritual. Nuestra capacidad para aceptar la corrección, escuchar la enseñanza y ser desafiados en nuestro pensamiento, muestra gran humildad y receptividad:

> El orgullo del hombre lo humillará,
> pero el de espíritu humilde obtendrá honores.
> (Proverbios 29:23, LBLA)

Del mismo modo, fíjate en cómo Priscila y Aquila confrontaron a Apolos. La Biblia dice que "lo llevaron aparte". No fueron a las redes sociales. No lo criticaron ni lo condenaron ni lo acosaron con preguntas en la plaza pública. No intentaron avergonzarlo o impresionarlo con su propio conocimiento. Su acercamiento se basó en el honor.

Creo que todos podemos aprender algo estos actos. Con frecuencia, en los días de gratificación instantánea y "noticias rápidas" que vivimos, veo a grandes hombres y mujeres, con grandes plataformas, traer vergüenza sobre sí mismos por su falta de humildad a la hora de responder a aquellos que no piensan como ellos. Sí, hay muchas personas que se acercan con un espíritu de maldad, pero también hay multitudes con preguntas genuinas y muchas personas de las que aprender si sólo nos humillamos para escuchar. Todos nosotros estamos en un viaje de aprendizaje. En el momento que pensemos que tenemos razón y que todos los demás están equivocados, estaremos caminando hacia un lugar peligroso.

Tom Wright, uno de los principales estudiosos del Nuevo Testamento de todo el mundo, dijo una vez que el 20 por ciento de lo que enseñaba era incorrecto, aunque ¡no sabía qué 20 por ciento era!13 Ninguno de nosotros nos hemos graduado de aprender y, por eso, juntos somos mejores. Dios creó la comunidad con un propósito, así que estemos dispuestos a aprender los unos de los otros. Nadie tiene todas las respuestas. Nadie tiene toda la razón. Debemos ser lo suficientemente humildes como para lograr que nuestras deficiencias no nos impidan crecer, aprender y entrar en lo que nos espera.

Abróchate el Cinturón

¿Qué te viene a la mente cuando piensas en las profundidades? ¿Cuántas veces has nadado en la superficie del océano mientras pensabas en todo lo que hay debajo?

Hace algunos años, tuve el privilegio de bucear en la Gran Barrera de Coral. Desde la superficie, era difícil llegar a ver con exactitud lo que había debajo, pero tras descender a las profundidades del agua, el resplandor, los colores, la belleza pura y la vida marina sin fin se volvieron todo un espectáculo para la vista. Nunca he vuelto a ver nada así.

Hay mucho más bajo las olas del océano de lo que nosotros veremos jamás, y lo mismo para nuestras vidas espirituales, nuestro caminar con Dios y nuestro glorioso futuro. "El Espíritu, no conforme con moverse solamente por la superficie," escribió el apóstol Pablo, "se sumerge en las profundidades de Dios y saca lo que Dios planeó a lo largo del tiempo" (1 Corintios 2:10, MSG). ¡Me *encanta* ese pensamiento!

¿Estás buceando en las profundidades de Dios? ¿Estás buscando la gran extensión de su infinita bondad y amor? ¿Estás explorando los

---

13   David Wenham, revisión de Tom Wright's "Justification: God's Plan and Paul's Vision," *Evangelical Quarterly* 82, no. 3 (Julio 2010): 258–66.

lugares deshabitados y los tesoros ocultos que están muy por debajo de la superficie de su misericordia y gracia? Tan ancho y profundo como es el océano, también lo es su amor por ti, y también lo son sus planes para tu vida. ¿Lo crees? ¿Estás lleno de vida y esperanza? ¿Estás espiritualmente vivo por dentro, o simplemente vivo?

En una película llamada *Infierno Azul*, una joven llamada Nancy está haciendo surf en una playa desierta, mientras disfruta del paisaje a lo lejos. De la nada lo impensable sucede. Un gran tiburón blanco la muerde. Nancy lucha por agarrarse a su tabla y defenderse del inesperado intruso. Herida y sola, se aferra a una roca, desesperada por sobrevivir.

Hay tantos cristianos que son así. Están simplemente sobreviviendo espiritualmente. Alguien les ha herido u ofendido, quizás les han tratado injustamente o juzgado erróneamente, y en vez de sumergirse en las profundidades, se colocan en la superficie para encontrar soluciones para sus heridas.

No se puede negar: Las heridas espirituales duelen.

A menudo son profundas y devastadoras, y traen consigo infecciones como la duda y la desesperación. Pero no debemos permitir que las heridas espirituales traigan muerte espiritual. Ninguna decepción en este lado del cielo debería mantenernos alejados de la riqueza de la vida en toda su plenitud.

¿A quién debes perdonar para seguir adelante? ¿Qué maneras de pensar debes cambiar y qué pensamientos necesitas reprender? ¿Qué palabras inadecuadas o que no son de Dios declaradas sobre tu vida debes hoy dejar en la superficie para poder profundizar y descubrir ese "más" que te espera?

1 Corintios 2:9–10 dice:

Antes bien, como está escrito:

«Cosas que ojo no vio ni oído oyó
ni han subido al corazón del hombre,
son las que Dios ha preparado para los que lo aman.»

Pero Dios nos las reveló a nosotros por el Espíritu, porque el Espíritu todo lo escudriña, aun *lo profundo de Dios.*

Como si hiciera eco a estos versículos, el predicador y autor Max Lucado escribió: "El amor de Dios tiene una anchura, longitud, altura y profundidad, pero nunca llegaremos al final del mismo. Nuestra capacidad de experimentar el amor de Dios se agotará mucho antes que la capacidad de Dios para dar se acabe."[14]

¿Existes espiritualmente o estás espiritualmente vivo? ¿Sientes que ya no te conformas con moverte solo en la superficie, que ya no te sientes cómodo observando simplemente las cosas de Dios? ¿Estás desesperado por sumergirte en las profundidades de todo lo que te espera?

Así como hay más en el fondo del océano de lo que podemos imaginar (cavernas de belleza y maravilla, montañas sumergidas de pasión y furia, especies no descubiertas, rocas de verdad inamovibles bajo las olas), nunca vamos a llegar a alcanzar las profundidades de todo lo que Dios es.

Nunca vamos a poder ponerle fin a las maravillas de Dios, a las facetas de sus pensamientos y a los caminos en su mano.

---

14 Max Lucado, *Book of Ephesians: Where You Belong,* Life Lessons Series (Nashville: Thomas Nelson, 2006), 59. *Traducción libre.*

Hay más de Él y más por conocer de lo que podemos pedir, pensar o incluso imaginar. Abundantemente más.

Abróchate el cinturón, querido amigo.

Prepárate y Él se mostrará fiel. Prepárate para la inmersión, para ir más profundo y decide que lo único que quieres es todo aquello que Él tiene y más.

Epílogo

Hay Más

Como he mencionado en el capítulo 13, hay un momento del año que siempre disfruto mucho. Se trata de cierto domingo por la noche, que se repite cada año, en febrero, cuando reunimos a toda nuestra iglesia (a todas las reuniones, ubicaciones y campus alrededor del mundo) para compartir la visión a la que Dios nos lleva como familia en el nuevo año. "Redoble de tambor, por favor". Ese es el sentimiento de expectativa por el futuro que todos tenemos en ocasiones así.

Mientras escribo esto, el recuerdo es aún reciente porque no hace ni doce horas desde que reunimos a todas las ubicaciones en Australia y nos conectamos para compartir con nuestra iglesia global las emocionantes y nuevas ciudades que Dios había puesto en nuestros corazones y en nuestros caminos. En este mismo instante, la Iglesia Hillsong en Phoenix y en Los Ángeles se están preparando para sus reuniones de domingo, las últimas "habitaciones" donde nuestro Domingo de Visión tendrá lugar. En total, son treinta horas desde el comienzo del nuestra primera reunión por la mañana en Sídney hasta la última reunión de domingo por la noche en Los Ángeles.

Bobbie a menudo habla de la Iglesia Hillsong en todo el mundo como "una casa con muchas habitaciones". Ella cuenta que el Señor puso esa frase en su espíritu después de salir de nuestra primera reunión en Hillsong Nueva York. Nos sentíamos un poco susceptibles en cuanto a esta ciudad y al plantar iglesia allí porque edificar en Manhattan significaba perder a nuestro hijo mayor debido a un sueño al que llevaba años aferrándose: el sueño de unirse a su ex-compañero de la escuela bíblica, Carl Lentz, para plantar una iglesia juntos en la ciudad de Nueva York. Cuando Bobbie recuerda la visión que tuvo, dice que vio una mansión impresionante y amplia con muchas ventanas, quizá como esas que están preparando en el cielo (lee Juan 14:2–3), y sintió que el Señor le decía acerca de nuestra nueva iglesia: "Acabas de añadir otra habitación a esta gloriosa casa que está siendo edificada. Nada se pierde, solo se gana". La frase "una casa, muchas habitaciones" surgió de esa visión y revelación.

Como iglesia global de gran alcance, diversa y preciosa, Hillsong permanece unida. Somos una casa, un corazón, una visión, que sirve a este mundo tan necesitado a través de innumerables "habitaciones" y congregaciones por todo el mundo, pero todas bajo el mismo estandarte: Jesús.

Te cuento todo esto porque aún hay veces que no me lo creo, todavía me lleva a momentos como hoy, un lunes por la mañana en mi salón, asombrado por lo que acaba de ocurrir. Rebobina hasta la reunión de ayer por la noche cuando compartimos con nuestra iglesia que, este año, añadíamos no solo una habitación ¡sino tres!

Hillsong Portugal, Hillsong San Francisco y Hillsong Israel estaban a punto de nacer a través de las personas adecuadas, en las ciudades correctas, en el momento perfecto. Incluso mientras escribo estas palabras, sigo intentando coger aire ante la enorme tarea que nos espera y la gratitud que siento por las oportunidades que tenemos: otra iglesia en las costas europeas, una iglesia en la ciudad que lidera mundialmente el desarrollo de la tecnología y la innovación, ¡y una iglesia en el Oriente

Medio! E incluso al mirar a estos anuncios en sí, ya vemos que el Señor estaba haciendo mucho más entre su pueblo y su iglesia. ¿No es esa la naturaleza de Dios?

Tal vez en un mundo tan rápido y de tan amplio alcance como este, estas noticias no te sorprenden. Pero permíteme que te recuerde el primer capítulo de este libro, donde te presenté a mi yo de diecisiete años: tímido y tartamudo, el hijo de un pastor que vivía en una vivienda oficial en la pequeña nación de Nueva Zelanda con nada más que un sueño en su corazón. No te cuento todo esto esperando a que te quedes impresionado por nuestros logros, sino para animarte y recordarte que cuando Dios toma nuestro "menos" y añade su bendición, favor, poder y propósito, los resultados siempre serán "más" de lo que jamás podrías atreverte a imaginar.

Quiero utilizar nuestros últimos momentos juntos, para recordarte de nuevo que naciste para un propósito más grande de lo que podrías lograr por tu cuenta, que estás destinado para grandeza y tienes todas las herramientas que necesitas a tu disposición para forjar un camino por delante lleno del fruto, con el Dios del universo a tu lado, un Dios que no tiene miedo de nuestro desastre, que se deleita en nuestra felicidad y se inclina hacia nosotros en nuestra debilidad. Él está siempre presente y es capaz, no solo de hacer que todas las cosas sean hechas nuevas, sino de crear algo de la nada. Él es el Dios que desafía todo pronóstico y lo entrega todo para que alcances tu potencial y descubras la vida de abundancia, tanto ahora, como para siempre. Todo lo que Él necesita y requiere de ti es tu corazón, disposición y compromiso con la causa.

El Reino de Dios *está* avanzando en la Tierra como nunca antes y, no sé tú, pero yo quiero ser parte del ejército que se está levantando para declararle a las naciones que hay mucho más en la vida de lo que ya hemos visto.

Independientemente de lo que hayas experimentado o estés experimentando, quiero decirte que:

Al otro lado de este triunfo, hay *más*.

Al otro lado de ese fracaso, hay *más*.

Al otro lado de esta enfermedad, hay *más*.

Al otro lado de tu montaña, hay *más*.

Al otro lado de esta angustia, hay *más*.

Al otro lado de esta Tierra, hay mucho *más*.

Efesios 3 no es un pasaje insignificante escondido dentro de la Biblia. Sabemos que cada palabra en este texto sagrado está divinamente inspirada y llena de verdad y poder para nuestra edificación y ayuda. Es un regalo que Dios espera que descubramos, administremos y vivamos. La promesa dentro de este capítulo hace que diariamente alce mis ojos y sueñe más grande y profundice más en la capacidad sin fin de aquel que me salvó y me liberó:

El amor de Dios es meteórico,

su lealtad, astronómica,

Su propósito, titánico,

sus veredictos, oceánicos.

Sin embargo, en su grandeza,

nada se pierde;

Ni un hombre, ni un ratón,

se escurre por las grietas. (Salmo 36:5–6, MSG)

Nada se pierde.

Si te sientes inseguro o inestable, perdido o ignorado, o simplemente necesitas que alguien te lo recuerde de nuevo, permíteme que ese alguien sea yo. Él te ve. Él te conoce (mejor que tú mismo), y te espera con los brazos abiertos, disponible, con todo lo que necesites. Al comienzo de este libro, cité al joven huérfano inglés, Oliver Twist, que con tristeza anhelaba un poco más. Permíteme asegurarte que ya no eres un huérfano. Has sido adoptado en la familia de Dios. Eres heredero de un trono que no tiene fin y de una herencia que durará más que el espacio y el tiempo. Tu porción está excesiva y abundantemente por encima de cualquier cosa que pudieras pensar, pedir o imaginar.

Podría decir mucho más. No puedo ni empezar a explicarte todo lo que está delante de ti, ni llegar a comprender todo lo que Dios ya ha planeado. Este libro apenas da unas pinceladas sobre la naturaleza sin fin de todo lo que Él es. Pero hay algo que sí sé: Voy a vivir cada uno de mis días en servicio a Él. Voy a entregar toda mi capacidad para edificar lo que Él ama: su iglesia. Voy a buscar su rostro, y a aceptar su guía y promesas todos los días de mi vida. Oro para que tú también lo hagas.

Así que, este es el desafío. Vive con expectación. Sumérgete en las promesas de Dios y recorre el camino de la obediencia a Cristo con los ojos bien abiertos a cada faceta de su fidelidad. Crea *más* espacio para los demás, crea *más* espacio para Dios y contempla cómo Él hace *más* con tus sueños (por los que te atreviste a orar y los que no) y los trae a la vida.

Gracias por darme el privilegio de poder hablar a tu vida en esta época a traves de este libro. Oro que al pasar a la última página de este último capítulo, seas animado y te sientas victorioso, que seas más consciente del amor tan profundo que Dios tiene por ti y de la aventura que es la vida con Cristo. Hay tanto potencial en ella: planes y propósitos más allá de tus sueños más locos. Absorbe bien eso y permíteme declarar estas palabras sobre ti como una oración y bendición de alguien que ha experimentado más de Dios y continúa asombrándose cada día por la grandeza de sus promesas y de su fidelidad:

> Y a Aquel que es poderoso para hacer todas las cosas mucho más abundantemente de lo que pedimos o entendemos, según el poder que actúa en nosotros, a Él sea gloria en la iglesia en Cristo Jesús por todas las edades, por los siglos de los siglos. Amén.

MENCIONES

Entregué mi corazón y alma en *Ama Vive Lidera* y ahora en este libro, *Hay Más*. Pero quiero hacer una mención especial a Karalee Fielding, una bella y joven esposa y madre que se apasiona de la misma manera que yo con estos proyectos y ha estado conmigo en cada paso del proceso. Pese a estar embarazada y pasar por una época de serias náuseas matutinas mientras escribíamos este libro, y tener que organizarnos entre tantos viajes internacionales, ha conseguido mantener el proceso en marcha y cumplir con mis plazos. Ben Fielding (por tu prolongado sufrimiento) y Karalee: Sois un regalo para Bobbie y para mí.

SOBRE EL AUTOR

Brian Houston es autor de best sellers internacionales y el pastor principal de la Iglesia Hillsong, una familia de congregaciones con más de cien mil asistentes semanales. Considerado por muchos como una voz líder en la formación de valores de liderazgo contemporáneos y cultura de la iglesia, el pastor Brian es muy respetado por su innovación atrevida y pasión por la iglesia local.

El amor contagioso de Brian por las personas y su manera de empoderar en el liderazgo alcanza a millones de personas semanalmente a través de su programa, Brian Houston TV, y atrae a decenas de miles de personas anualmente a la Conferencia Hillsong en Sídney, Londres y los Estados Unidos. También es el presidente del reciente Hillsong Channel, presidente de Hillsong College, y el productor ejecutivo de innumerables discos de oro y platino procedentes del equipo de alabanza, Hillsong Worship.

Brian y su esposa, Bobbie, tienen tres hijos adultos y viven tanto en Sídney, Australia, como en el Condado de Orange, California.

21993114R00142

Made in the USA
San Bernardino, CA
07 January 2019